漂移丛书

黑眸转动

一行／著

云南大学出版社
YUNNAN UNIVERSITY PRESS

图书在版编目（CIP）数据

黑眸转动 / 一行著. —昆明：云南大学出版社，2017
（漂移丛书）
ISBN 978-7-5482-3067-0

Ⅰ.①黑… Ⅱ.①一… Ⅲ.①诗集—中国—当代 Ⅳ.①I227

中国版本图书馆CIP数据核字（2017）第178010号

策划编辑：徐　曼　**责任编辑：**宋　武　**装帧设计：**刘　雨

漂移丛书

黑眸转动

一　行 / 著

出版发行：云南大学出版社
印　　装：昆明市五华区教育委员会印刷厂
开　　本：889mm×1194mm　1/32
印　　张：5.375
字　　数：110千
版　　次：2017年10月第1版
印　　次：2017年10月第1次印刷
书　　号：ISBN 978-7-5482-3067-0
定　　价：34.00元

社　　址：昆明市一二一大街182号（云南大学东陆校区英华园内）
邮　　编：650091
电　　话：（0871）65033244　65031071
网　　址：http://www. ynup. com
E-mail：market@ynup. com

语言漂移说正义（代序）

李　森

“语言漂移说”简称“漂移说”。它认为一切艺术语言均处于漂移状态，在漂移中生成诗意或非诗意，在漂移中寂灭或退隐、凝聚或新生；它认为诗性的创造既不来源于本质，也不来源于现象，而源于语言在漂移时刻的诗意生成。

语言漂移说之语言即艺术语言，它包括艺术中的日常语言、书写语言、视觉语言和符号语言等语言范畴。艺术语言既非形而上，也非形而下，而在形而中。“形而中”是艺术语言的滑翔地带，它摩擦着形而上和形而下穿行，形成自为自在的独立时空。我多年前试图阐明的“形而中诗学”作为一种诗学方法，是漂移说语言运动方法的构成部分。

一切艺术（包括狭义的语言艺术和广义的语言艺术），都在语言漂移说的观照范畴之内。

一切艺术都是语言艺术，除此之外，便无艺术。比如行为艺术，它是一种身体表现的艺术，身体在表现的场域（时空）中形成身体语言。身体语言只有在观照的时刻，才能生发为艺术语言。

一切艺术的可阐释性都包涵在其语言结构中，而不在语言结构之外。存在着脱离艺术语言的阐释，但那是非艺术阐释。非艺术阐释之大行其道，已经使艺术阐释全面沦落。

概念或观念阐释总是脱离艺术语言的阐释而自成系统，这种阐释或是哲学式的，或是社会学、文化学、人类学的，等等。非艺术阐释或是对艺术的过度阐释，或是语言漂移超越了艺术阐释的某种路径而形成的另外一种阐释。

语言运动的能力或张力，为任何阐释提供了可能性。艺术阐释如果有价值，那就必须为它划定一个界限，这个界限即是贴着艺术语言阐释的界限。

语言漂移说划定艺术阐释和非艺术阐释的界限，是为了证明艺术语言存在的不稳定性，不完全为了证明阐释的无效。然而，艺术阐释的无效性，亦是语言漂移的一种结果。

所谓阐释，当是语言漂移的路径，但不是说艺术需要阐释才能成其为艺术。事实上，那些伟大的艺术作品犹如一株芬芳出尘的空谷幽兰，它自身的存在已经达到了自足、直观、圆融的境界，它的存在本身无需阐释，因此，它反对阐释。不过，也正因为如此，它有无限多的可阐释性。但必须指出，那种种阐释，是开放的艺术语言自身被灵魂摩擦、砥砺而激活的诗意再生，不是概念或观念对艺术之美的反映。

语言漂移说的方法不仅是对艺术阐释的观照，也是对艺术创作的观照。

有效的艺术阐释或生成某种概念或观念，但其阐释路径总是贴着艺术语言，这是无需证明的常识；而无效的艺术阐释则必然形成“概念控”或“观念控”的逻辑系统，以“自圆其说”的冠冕堂皇调子反对常识。

有效的艺术阐释滋生诗意，甚至是无限多的诗意，它是诗意创造的种种形式；而无效的艺术阐释只有一个目的，那就是通过逻辑归纳和演绎系统获得知识。“自圆其说”的理论知识，多数是强词夺理的“伪知识”。

可靠而有效的艺术创作不表达、分有概念或观念的内涵。其创作过程或与概念和观念发生碰撞，但最终，它总是以一种回归事物、事态原初直观显现的力量，将概念和观念溶解而化生，恰如大海和盐。

从语言漂移说来观照，艺术理论、批评即创作。没有先验的某种理论和批评的出发点，只有具体的语言凝聚和绽放的路径。有效的艺术理论和批评在表达路径中成就自身，它不利用语言的表达或扩张能力奔向某个目标。作为动词的艺术、诗、美只能在语言自我开显的路径中具体地显现，而不可能呈现整体性的目标。艺术语言只有在被利用时才导向整体性的叙述目标。

没有上帝视觉的本体（整体）性的艺术之美，也没有上帝发声式的艺术法则。按照贡布里希的说法，没有大写的艺术（本体的艺术），只有具体的艺术家和艺术作品。进一步说，没有语言自在、自为、自我生发、蕴成之外的艺术。

在《色—彩语言诸相的漂移》一文中，我论述了“本在事象”最基本的四个漂移路径。即“直陈其事”的漂移、“修辞幻象”的漂移、“纯粹形式”的漂移和“意识形态”的漂移。这四个漂移路径囊括了所有艺术哲学或诗学理论的阐释路径。也就是说，古往今来的所有文艺理论或批评路径，都无出其外。本质主义—非本质主义、主—客二元结构理论、模仿说、反映论、形式—内容二元结构理论、形式主义、表现主义等等，均包含其中。这些理论先制造概念，再形成观念，然后利用逻辑归纳或演绎构建庞大而坚硬的系统，将艺术家和艺术作品关进牢笼。这些宏大的理论，都是语言漂移的种种结果，但语言漂移说将它们视为艺术阐释的无效阐释范畴。

我说的“本在事象”，即是艺术语言或它的结构。何以故？“本在事象”如果是非语言的，那么，我们对其一无所知，它们也不可能进入人类言说或表现的诗意世界。这就是说，人的感知或玄想的存在，是一种语言的存在，而不是实体的存在。人是语言的人，能感知的世界是语言的世界。说白了，人和他们的生活世界，神和他们被创作的世界，自然和它的存在，都是语言的存在。与生命有关的存在，通过语言才能确定。正如海德格尔所说：“语言是存在的家。”除此之外，按照维特根斯坦《逻辑哲学论》第七命题的忠告：“对于不可说的东西我们必须保持沉默。”老子的思想亦处于反对说、而又不得不说的两难之间，这当然是早期圣哲对人类的千古忠告。事实上，《理想国》里的柏拉图也处于说与不说的两难之间，但他还是以“假设”的支点和“比喻”的诗性表达方式说了许多，也虚构了所谓“理念”，为人类打制了一副“理性”胯下的马鞍。柏拉图为了做“哲学王”，为了打制这副理性的马鞍，怀着悲智、悲情之心，将诗人——他的灵魂的一半——自己也是个杰出的诗人，赶出理想国。但从他的全部对话录中即可看到，哲学，“本质上”是利用逻辑表达系统而言说的文学。不能洞明这一点，即是逻辑主义的智障患者。

艺术语言的漂移是具体的，而不是抽象的。一个词，一个句子，一个笔触，一点笔墨，一根线条，一种音声形色，作为语言运动的“表象”或“形式”，它们总是寂静地、平实地、纡回地或疯狂地处于某一个作品结构的“位点”上。而所有“位点”，都是“暂住”的位点，即漂移的位点——既不是“本质”的位点，亦不是“非本质”的位点，而是“暂住”的位点。理解这一点非常重要，因为语言漂移说，既非本质主义的，亦不是非本质主义的。因此，语言漂移说反对一切凝固的、教条的、逻辑主义的或任何主义的语言强暴。

一切艺术语言之为艺术语言的确立，都源于人的感觉、感知能力，然后，将其蕴成文字、旋律、节奏、形色或符号。用佛哲学（非佛教哲学）的看法，即源于“眼、耳、鼻、舌、身、意”这“六根”，通过此“六根”的感觉、感知发端，风春万物般与“色、声、香、味、触、法”这“六尘”的“情识”摩擦、蕴育而生发。有效表达的、蕴有纯粹诗意的艺术语言，是一种符号化暂住的、鲜活流荡的“蕴”，即一种自成意味的生命序列。它看似是系统性的，但“实质上”是碎片式的。朵朵桃花看似是一个整体，其实是蓬松一树那相似形—色、彼此陌生的碎片序列。当然，可以假设它是一个整体性序列，并与时序和空间相联系而蕴成之美，但仅仅是感觉、感知的一种假设性的观照。艺术语言的存在序列，犹如一树桃花，见与不见，开与不开，美与不美，都在观照的“此时”那个“位点”上“暂住”而被看见，被描绘。艺术语言的色—彩、笔—墨、笔—触、形—式，永远不能抵达那一树实体的、实相的桃花，因为语言艺术中隐秘的一树桃花，既非具体的一树桃花，也非本质（实相）的桃花。这是语言自身的决定，人或神都不能做此决定。

艺术语言的“暂住”，是语言漂移的“暂住”。是故，

“暂住”其实是诗意的“无所住而住”。《金刚经》说：“不应住色生心。不应住声香味触法生心。应无所住而生其心。”说的是，有“缘起”，则“暂住”，无“缘起”，则“无所住”。在语言漂移中的“暂住”，即是“生其心”，生诗意之心。

每一个语词、每一个单纯的符号，都是一个小小的宇宙，一个处于寂灭或生发碰撞时刻的生命之蕴。

我们不能利用艺术语言，我们只能激活它，或拯救它。救救我们的语词吧，因为，它们是我们精神生命、现实生命的细胞。

诗意的语言存在，是心灵结构漂移幻化的某种样式；推而广之，可以观照的心灵结构存在的样式，亦是语言漂移迁流存在的样式。至于那些格式化心灵结构的存在样式，则是语言漂移迁流过程中自我固化的种种死亡格式。

从自我拯救语词开始，自我疗救审美智障，即是审美心灵、诗意心灵的自救。

语言漂移说的提出，是要告别所有诗学理论的。但这不是说，要以一种理论的雄心替代或征服另外的理论——那也是逻辑主义的神经病。如果人们有此看法，那是对此说的误解。因为，语言漂移说“本质上”并不是一种理论，而是一种开放的、处于语言运动自我生成诗意时刻的审美方法，一种素朴纯真的人性观照思—想，一种自我拯救语言—心灵的行动。在它为人之为人的审美自由开掘路径的同时，它就是某种随时处于被激活状态的审美自由。

2017.10.6　燕　庐

目　录

第一辑/追忆

雪中的树

（给小毅）

在微暗中，雪
从天空落下。而你
在雪中静止，
像一束光那样静止。

一束光，落在你头顶，
和这雪一样是一种提示：
你的孤独，正如你脚下的星球
有无可抗拒的引力。

对一棵树的观想

闭上眼，请试着让一棵树
从脚底升起。你的十根脚趾
往下钻入泥土，长成粗大的根须。
你繁密的血管化作细枝，
从脏腑间穿过。叶片反射着
上方降临的光，
将你幽暗的内部照亮。

这些树叶取代了肺，吸收着
空气中的微尘。你感受着它们
起风时的摆动与无风时静静的垂落。
每一片叶都有手掌般深奥的纹理——
你闭上的眼是其中的两片叶子，
它们的暗是正在飘落，
与树分离时的颜色。

你会感到这棵树湿漉漉的，
仿佛刚刚下过一场雨。
千万颗水滴悬挂在枝叶间，

像是隐藏起来的眼睛
注视着你的一举一动。
你还看到树皮上的斑点，一些
来自蝴蝶的花纹，另一些来自蛇蜕掉的鳞。

你开始进入皮下，那里，你的怨念
是黑色的汁液在细细孔道间来回流淌。
被拘禁在树里的他人魂魄
正绕着环形跑道打转，永远
也跑不出你所设定的同心圆的边界。
你当然认识他们，他们
是你的朋友、恋人和梦中的仇敌。

你可以释放他们，如果你愿意，
可以让他们在宽恕中化为鸟雀飞走。
树穿透你的颅骨，往天空伸展，
产生出众多分岔的可能性，
并在最高点聚集成绝对的树冠。
树冠顶部，一团金色蜂巢
在耀眼的强光中成熟。

屏住呼吸，你就能看到一朵花
在这巨大的金色蜂巢中
吮吸着清淡的蜜。全部的叶片

都颤动起来，簌簌作响。

起风了，从你的未来吹向现在。

你让全身的毛孔张开，并且确信：

只要这棵树活着，你就不会死去。

诗

静电的黄色小花熄灭了。
我的绿毛衣绽放完
它一天积聚的美，
安详地躺在我身边。
明早，它会和我一起醒来。

我的身体被一条红毯子裹住，
外面还覆着一层滑溜的
天鹅绒被子。我不时
把光脚丫子伸出来，
碰到了冰冷的白色墙壁。

事物坚持它们自身的颜色
在黑暗中。
而我像一块铜盐缓慢溶化着，
空气里，升起一片晶蓝……

恋人絮语

我是一个理解爱的人。
但我既没有爱，也不爱我的理解。
事实上，我极其痛恨我对爱的理解——
如果没有这种理解，我也许
就能拥有爱，或拥有爱的能力。
在我的理解中，爱是一种自愿的缺失，
或者，是一种对完满的放弃。
而我拥有一切，甚至拥有你，
却无法去爱我所拥有的，像一轮圆月
无法爱上它的环形山，或夜晚
无法爱上那些暗淡的星星。如果
我不再理解爱，我就能真正去爱；
如果我不再拥有你，我就能去爱你。

村庄消失以后

村庄消失以后，城市丑陋得
像一张被摘除了器官的脸孔。
我望着黑色的湖水，如同望着
垂死者肿大的眼珠。
一些水鸟从湖上掠过，
尖利的叫声
剜着正腐臭的湖面。
而更加饥饿的鱼群在水底等待，
等待水鸟坠入湖中，
被它们分食。

湖边怪谈

1

请仔细看这些飘在水面的叶子——
每一片都是一张死者的脸孔。
当你拾起它们，你是否听见
从湖底传来的细弱的呼喊？

2

那个疯子，每天都在与湖边的柳树
交谈：他把一截柳枝放在手心，
不停揉搓直到叶子掉尽。他要
解开它，如同解开亡妻自缢时的绳子。

3

一群野鸭沐浴在落日的光中。
其中一只突然惊恐地嘎叫——
扎猛子时，它如遭电击：喙
碰到了一根从湖底伸出的嫩红舌头。

4

而湖心，一独木舟在原地打转。
舟上空无一人，桨仍在划动。
……莫非是些鬼魂在操控它
始终停在他们溺亡的地点？

5

那少女，终于浮出水面。身体保持着
生前擅长的仰泳姿势，嘴角流出
黑色、黏稠的液体。噢，原来她
一直在湖底吃她最爱吃的黑巧克力。

6

水杉的枝干在不安地摇动——
似乎被水底隐匿的事物惊扰。
多年来，它们的根和死者的
脑神经缠在一起，具有了人的意识。

头 发

它们的增加减少了见识，
却生得美，心思般细密。
它们：随身携带的盆景，
使我们成为自己的园丁，
在白天修剪，用日光灌溉。

从高处出发，一片茂盛的森林。
林中路只有一条，从前往后
辟开思想的神秘发型。
林间的空地在悲哀地闪耀：
唉，多么荒凉的秃顶！

春秋来往，世风吹出黄绿，
但它们终要像燃烧的炭
从黑色燃成灰白的余烬。
有多少这样剧烈的时刻：我们被迫
用一根头发系住沉重的一生。

这些生命中的细枝末节，

每日遗失在不同的角落，
被风吹走，被蚂蚁搬运。
我们就这样消散，然后死去，
仿佛湮没于头顶的一场雪崩。

姜

不要相信它们是从地里挖出的。
它们并未沾染你所热爱的土气。
呵，你看它们像肿瘤吗？
你认为它们能医治时代的疾病？

看吧，从它们的串通一气里
生长出一个姓，一个世系，
包含着某种天然的女性倾向。
你是否怀疑她们以前是放羊的？

但它们质地无光，无法反映出
与她们的年龄并不相称的
老辣刀法，或从窗口射来的微弱光线；
只能勉强参与眼睛里的化学反应，

并偶尔让你流泪。
晶莹的眼泪！这是否意味着
它们与革命或爱情有关？
抑或只被严格限制在生理范围以内？

它们数量庞大，彼此复制自身，
随价格升降，占据了街头的
大小摊位。这是否就能减轻
时代大杂烩里流通的腥味？

追　忆

这是多年前一个夏天的夜晚，
一个孩子，从梦中醒来。
村庄，在风中吹着口哨，
伴着远方蓝汪汪的狗叫。
而月光落在瓷碗里，四散飞溅。

大人们睡着了，他们像灯一样
点亮的注视，不再将你守护。
你感到一丝恐惧，却又伴随着某种
奇怪的喜悦。夜突然间放大了：
星群开始绕着你的面庞转动。
而你的眼睛渐渐脱离了身体，
像两只甲虫，在天空飞旋。

日　记

沿着湖边散步，那些弯曲的小路
像丝线在我脚下缠绕。
但我并不急于挣脱，就像
不急于挣脱更为弯曲的生命。
我看见一只鸟从枝头飞起，
阳光被抖动的叶片瞬间弹开，
就像鳞片在空中一闪。
我还看到许多虫茧在树叶间隐匿，
在昏迷中进行美的最后的蜕变。
一路上，树荫无声地铺展，
仿佛我宁静而沁凉的思想，
还不时漏过一两束阳光。
水面的波纹在我脸上颤动。
微风在石头上荡起了涟漪。

雨中速写

紧密的雨变得疏远，
但在空降之后，仍然
团结在各自的水洼中。
我抬起头，看到云层
像一把深灰的伞撑开，
挡住了正在滴落的星光。

青蛙在草丛里鼓动
它们苍白而富态的肚皮，
击打出一连串的饱嗝，
催促着我体内的饥饿。
我加快脚步：再晚一点，
晚餐就会蜕变为一顿快餐。

但一件突如其来的事
却使我放慢：我斜着眼
瞥见路旁的水沟里，
一尾银色的小鱼
绷紧筷子一样快活的身段，
跃出了水面。

风

风总和我一道醒来
昨夜，它已接替了我的工作
用透明的清漆刷过了城里的摆设
树杈和屋脊依旧裸露在外面
但变得更为耀眼
它的速度会留下结晶
例如初雪的颗粒，比生命更安静的花蕾
等待着阳光降临下的绽放
风游荡，发出空腹的饥饿之声
但不乏深刻的喜悦
当土路上的小车载货而来
它会逆推以加重弦线的缠绕密度
发出朴实的低音
也会拍打小车圆乎乎的大腿和臀部
恢复琴弦的弹性
这些车辙会在树丛和枯叶间隐身
又在溪水中复活
那里，它赶上了屋内新生的婴儿
在屋顶颤抖的倒影中，拉响了手风琴

听一位少女谈话

我们进入但不占据下午。
阳光清亮，像你的声音。
我在你空出的地方坐下，
空出地方，让一棵草生长。

你的话在空气中消逝，
像阳光在这个花园里穿行，将阴影
不间断地落在我身上。
你望向远方时，我可以听到

风从那边吹来，我比你
更早接近的暮色。你继续说着，
但只有树听懂了我的沉默；

你话语间的缝隙，被树叶
晃动的声音填满，使我担心
你一说完，一阵风就将把你吹走。

房　间

眼睛和灯一起关掉，房间
开始绕着我的身体缓慢旋转。
我听到一些看不见的灰尘，像雪
在寂静中落下，轻微的声响
从打开的书的深处涌上表面。

床在身下变暖，而一把椅子
则在黑暗中继续冰凉下去，
犹如长时间浸在深海的水里。
我突然瞥见一缕光线，从某个缝隙
透进来，将房间切成两半——

一半是实在，另一半已被梦境蛀空，
因一个人无边扩展的睡眠。
光瞬间就灭了，黑暗恢复了完整。
钟走得很慢，仿佛房间里
空无一人，仿佛我已死去多年。

晨　曲

犹如置身于底片中，
我轮廓模糊，躺在幽暗的房里。
一束光透进来，像一枚印章
落在额角，缓慢而有力。
它已将早晨铭刻在身体上，
但我还像在梦中那样翻动着，
企图把自己整个挪进
那比雪还要深厚的阳光里。
——眼仍然闭着，
但我里面的眼睛早已睁开。

镜与灯

在灯光下，镜子如此神秘
一如桌上的那一册书：
一个人从书里探出身子
逐渐融入到灯焰之中
一阵风，将书页
吹开，灯光阅读着
书上的文字。而镜子里
是一双眼在凝视你的脸
逐渐变成书的封面，映照着
镜中之灯，也被镜子照见

初　春

远山薄于湖中的倒影。
细雨绵长而有韧劲。
鸟鸣声传了十里，在抵达村口时
被一棵柳树上的雌鸟衔住。
柳色轻浅，如长牙不久的孩童
还不能拼读出风的绿词。

路上，石板微润着鞋底
却并不滑腻。一个男人
像兴奋的雄鸟一样在前方开道，
掠过驿站、凉亭、茶店，一路哼着小曲。
在他身后，打伞的女人怀揣着
求来的签文，红着脸奔赴家中的幽会。

诗

（给小毅）

在大路上，我想起了小鹿
回头的时刻，露水滴落在
张开的眼睑上，光滑的颈项
像湿漉漉的树枝，弯曲
又伸直，像道路
在阳光下显露的本质
鹿的温柔，不属于内心
而属于所有树荫般
伸展的东西
我在树下站立了很久
想到了没有被我啃过和路过的
山上的青草

枣 花

枣花开在屋后，向阳的坡上
那是午后，我刚睁开睡眼
看到一些细绒被风吹拂
吸附到头顶的枝上

这淡黄，如同嫩叶似的花儿
常落在我簌簌的衣巾
我在树下，和这花一样新鲜
无核，如尚未结成智慧的生命

也还不知道生命的圆满
要通过萎谢，将初发的清香
兑成果实的甜美。我的眼睛
在枣花下睁开，看不见未来

那些没有被我看见的枣花
继续开在时光深处，如同睁开的睡眼
看着我被一阵风吹拂，从现在
返回到那时的树下

纪念一位早夭的诗人

这是一片青色的稻田。
一位白衣少年，像一只鹭鸶
凝视着自己水中的倒影。
柔软的蚂蟥爬上他细长的腿，
吮吸温暖如蜜的汁液。

他一阵颤栗，仿佛骨髓
被穿刺而过的禾秆抽去。
一些词从哗哗作响的沟渠
流入他身体。他听到了
它们被日光舂洗的声音。

绿意盈盈的水珠沿狭长叶片
滴落，像稀释过的血。
古老的刑罚继续进行。
他替代这些未成形的粮食，进入
酿与祭。一阵含甜腥味的风吹过。
在这天空并未降下尺度的时刻，
他开始生出绝望的羽翼。

啊，白色的精灵，不成熟的诗篇！
一只鹭鸶从他的身体里飞出，
像青绿的稻穗分娩出早产的米。

灶台边

我走进黑色的、烟熏味的厨房，看到自己
像只蛤蟆趴在地面，正与小乌龟一起玩耍。
一旁，被我打破的瓦罐，还在咕咕漏水。

牛肉的腥香从大铁锅中飘出。柴火像牛舌
舔着泛白霜的锅底。我舔着龟甲般干裂的唇
从地面爬起，想到有三天没吃东西了。
而此时，奶奶正从屋外鸡笼里钻出。手中
捧着两个刚下的鸡蛋。她眼神不好，
只能轻轻呼唤："伢内，有鸭鸭吃了——"

我正要回答，却想起她多年前已经去世。
鸡蛋在她手心里如此温热、透明。灶台上，
黑煤油灯点亮，映照出奶奶深陷的眼眶。

秋 枝

她在柳树下将牛绳系紧，然后坐到塘边
讲故事。那时我五岁，瘦小，爱提问。
她梳一条长辫，十六岁，和柳树一样美。
她说话时，一些光从湛碧水面
反射到她脸上，带着蜜样的波纹
在我的心间漫开、荡漾。小牛
放慢了咀嚼的速度。温暖的水，随沟渠
缓缓流入青色的稻田。

她没念过书，所有故事都从别人那里
听来，而她转述时就像在翻耕：每个故事
都长出更多庄稼、果实和滋味。
这些故事，是用声音绘出的连环画——
从三国开始，经唐宋至明清，好像历史
的存在，只是为了证明她惊人的记忆力。

每天下午，我都要在那些冤家打完架后
才肯回家。李元霸与裴元庆，秦叔宝
与尉迟恭，展昭与白玉堂。而我总是
把薛葵和岳云搞混。她在我面前比划着

刀剑和铁锤的晃动，我的小拳头
也总是为被陷害的忠良而攥紧。
柳叶摇动，一阵风像是吹进了
她所讲述的历史深处，将那些人物的脸
刻印到斑斓的池塘表面。我睁大了眼
一眨不眨地盯着这似乎映照出一切的镜子：
一些人卑劣而走运，另一些人忠贞却不幸，
还有些人在世间隐遁如水田中的白鹭。
她全身都在发光，而她的声音
像是绕着柳树低飞的燕子，从头顶
欢快地掠过，并不知道悲哀为何物。

她讲了无数别人的故事，她自己的故事
却只能由我讲述。我九岁时她出嫁，生了
四个孩子，头两个女孩都送给别人抱养。
多次生育和流产后，她的身体
已如计生委拿走全部家当后徒留的四壁。
八年前，我在村里见到她时，她的脸
满布皱纹，像枯水季节干裂的塘泥。
漆黑的土灶边我谈起当年的故事，
她说这些在她出嫁后就忘光了。电视里，
两个频道在播放她曾经爱讲的樊梨花
和穆桂英，英武的盔甲像湛碧水面
一样闪亮——这些女人在故事中永存，

而她的命运却如此卑微，无声无息，
仿佛受制于自己的名字：果实落地后
就很快枯干，如秋天的树枝。

我想起了河边那些坚固的石头

我想起了河边那些坚固的石头，
多少年过去了，或许今天还在那里。
我想起少年时的一位同伴，他和我
常常坐在上面进行幼稚的吹嘘，
也曾在石间刻写过彼此的名字。
这些石头，在一年中的大部分时间里
都藏匿在水中，与鱼群嬉戏，
让水草和藻类在身上疯狂地编织。
冬天，当水从岸边退去，
它们就显现出来，仿佛
一座古老的阵法不甘于消失。
某年夏末，我的那位同伴
在这条河中溺亡，或许
是他的魂魄被石头们困住。
从那时起，我常常一个人
坐在冬天的石头上，看流水
从身边经过，想着那些
消失了便不再显现的东西。

珍珠诗

（给小毅生日）

一粒珠子连着一粒珠子
像无数个日子串在一起
每一个都如此圆满、不动
分享着时间本身的佛性

一束光，落在它表面
像从生灭分离出的纯粹欢乐
它是由痛苦孕育的
还带着大海深处致密的黑暗

而此刻，你再一次
出生，来到我面前
像一粒珍珠从佛的指间
坠落，从永恒的浪涛中涌来

牵牛花

从窗口望出去，是些牵牛花
在一片矮灌木间吊着。
它们稀疏的铃铛，
点缀在章鱼触须般的茎上。
有时我把它们想象成
一队民间乐手，在吹奏
土地深处生长的曲子。
另一些时候，当乌云在天边
翻滚，它们就变成电线上的小灯
因空气中的电流发出淡蓝的微光。
而这个晴朗的正午，大白猫
从灌木丛窜进窜出，用前爪
抓扑绕飞花上的昆虫，
我却想起许多年前，我还是小男孩，
因贪玩而晚归，在家门口站着，
不敢敲门，也不敢喊叫，直到肚子
发出青蛙般的咕咕声，直到云团
像海绵那样挤出大把月光，倾洒在门前，
我突然看到右上方，从墙里头伸出的

几朵浅瓷色的牵牛花——
我终于喊出了声。

此刻，正午之光被它们用力啜饮着，
一杯一盏，光的储藏
从绿色的茎管流回大地深处。
我站在窗前，看着这些从时间之镜中
探出的嘴唇张开的小花——
我又感到了肚子的饥饿。

密林里

（给小毅）

我置身于一片黑暗的树林，
嗅着山谷呼出的花毯的雾气。
日光洒在林子边缘的褶皱上，
像一些地衣，在雨后朦胧发亮。
阴影飘移着，更小一些的阴影
躲进了菌盖和孢子，在水体中伸缩。
当我终于脱离大理石的层层包裹，
作为雕像站立在这里，
我确信我不是孤独的。
你所看到的，也并不只是
斧头在我身体上留下的伤痕，
而是一些终于使我成形的道路
在树林中弯折。
噢，亲爱的，我要像你一样
把慢歌编织进快歌——
这样，当韵脚奔跑时，
会更加轻盈、柔软，
如同雄鹿的一跃。

星际穿越

两次彩虹之间，我放下云中垂钓的
渔竿。抛出的食饵，被一头猛虎捕获。
噢，就是你骑着的那一头，以星球
轨道的弧弓弹出，向我飞奔而来。

上次见你是在地球的峰顶，这一别
不过千年，刚好是两次彩虹之间的间隔。
你的脸依然秀美，将头盔摘下时，微笑
如莲花依次打开它所有的花瓣。

你深知，每一朵花在开放中
都会有一刹那神秘的停顿。这一瞬
是所有危险的渊薮：它可能继续绽放，
也可能在轮回中坠向无底的深渊。

而我们的因缘，是恒河沙数的星尘
在恒河沙数的危险中汇聚。你见我一次，
我们就被抛入轮回一次。雷暴似的星云
仍在我们的头顶酝酿着新的闪电。

如你所言，莲花在宇宙的识海深处
生长，捕捉着飞碟、氦气和暗物质。
我们所在的这朵花如此孤独、荒凉，
适合我们在它的蕊中安居和死去。

晨　曲

我戴着耳机，坐电动车背后。前面是你
巨石榴一样的头盔。车开动时，你像条鲥鱼
在劈分波浪。而道路的黑传送带转动，将我们
运往“疯子”出没的学校：我们工作的地方。

这个早晨如此新鲜，我们能嗅到
树木用绿芽的噼啪声翻炒着空气。
前方的小树林像是突然冒出来的
一群劫匪埋伏在此，等待我们出现。

它们的台词是：“你必须将所有的不愉快
都交给我们，因为风景在你体内引发共振。”
阴郁的雷电，被昨夜的雨水降落到树的根部
并在那里转化，如同蚯蚓在地底啜饮着黄泉的甘甜。

而我们行进在这片并不平坦的路上，身旁
不时有小块发蓝的天空跌落在水洼里。连夜大风
并没有将树枝完全拧干，粉末状的水花
还在往你肩头扑打。你露在头盔外的细长耳朵

或许听见了黑色的树鼩在枝上鸣叫。
不需要手机，它们就可以彼此呼唤。
我没有说话，但你知道我在呼唤你，
因为我们也能像树鼩那样用腹部歌唱。

河边轶事

我们从河里起身，光溜的背
被烈日烘烤。正午吞噬着
所有的阴影并让我们两个人
显得前所未有的矮。在石上
坐稳，李梨开始用手掐我肩头
被阳光揉红的、带水渍的肉，
像在剥一个刚从树上偷来的桔子。
我抬手，将他的猫爪挪开，
却有一种凉像松茸附了上来。
——风，从河边，贴着开裂如龟的
泥块和黏着细小贝类的石头表面，
向我们年少而赤裸的脊背吹拂。
一些轻微的麻痒从骨头深处升起，
犹如一群鲢鱼在河里潜泳，试探性地
游向薄如银箔的水面。李梨哆嗦了一下，
弓形的腰突然直起——一只黑蚂蚁
爬上他手肘，用探针触须
进行着骚扰性的侦测。我看着他
手忙脚乱地将蚂蚁抖落，如同一棵树

在落叶前清除着身上的虫子。而我的身体
也开始因刺感扭动，可能是因为
迅猛的日光，也可能是被掐过的肉
正用毛孔大口啜饮着过凉的风。
我们哼着如今已完全忘记的歌谣，
目光注视着身前一大片干涸的河泥，
却并不为它们深奥的裂纹而迷惑。
（李梨死去多年后，这条河
改变了河道，将我们偷桔子的树林
开辟成一片新的河滩。）我们一边
说着自己以后要练成绝世武功，
像《魔域桃源》里的刘德华，或者
变成吕洞宾、韩湘子一样的神仙，
一边拔下青草挠对方的胳肢窝，
仿佛我们可以永远像青草一样生长。
我们浑然不觉这阵风
其实是从河底吹来，那儿，
死者的骨头缝像螺孔呜呜作响。
我们坐在石头上，离这一切很远。

秋

（悼叶秀山）

落叶返回了秀山……当寒鸦
在树林起雾时飞向饮水的河滩。
河边，无名的小花颤抖着
咽下自身的白色，仿佛一些
哀伤的、正在抽泣的老人。

我们全部的秋天从黄昏开始，
像风一样从河滩向树林回溯。
从一个人的老年回到他的童年，
那吹拂的气息来自无名的时间。

我们有些人为此哀伤、抽泣，
目送寒鸦在雾中掠过的影子。
冰凉的水从喙流进它们的胃，
而我们颤抖着，咽下自己的泪。

时间也这样进入我们的身体，
带着冰凉的寒气。噢，我们看见
那些小花披上了一层洁净的薄雾。
抽泣者的影子被河水卷走，寒鸦
已飞回树林，如同落叶被秀山接纳。

一九八九年冬天

那年冬天我们在树林里玩雪。
小小拳头握出的雪块，像乌鸦
衔来的石子。而麻雀们在枝头
吵吵嚷嚷，辩论着谁更像一枚坚果。
我们撒完的尿还冒着热气，在雪地上
留下了一些类似于便条的痕迹。
天空阴沉，如大人的脸色，仿佛随时
会用一阵风暴教训我们听话。
我们是从丧礼上溜出来的，那儿
只有沉闷的锣鼓，却禁止我们去捡未炸响的鞭炮。
我们绕过村后已封冻的池塘，从一条
通往外姓坟地的小路来到这片树林。
风呼呼地吹动，夹着细碎的雪粒
往我们衣领里扑打。我们的战斗
被远远传来的丧乐声伴奏，一直持续到
胃陷入咕咕作响的饥饿。我还记得回村时
遇到过一棵高大的树，好像是槐树，
又好像是榆树。据说上面吊死过人，
我们经过它时浑身发冷。干枯的枝头

聚满乌鸦，却没有发出任何聒噪，
也许是被某种来自地底的力量震慑。
我还记得它投下的阴影是人形的，
四肢似乎仍在晃动，但头已不见，
像是埋在雪中、永不腐烂的尸体。

第二辑/黑眸转动

夜晚之歌

田野开始降下入冬的薄雾。
黑鼠们回到幽深如瞳的洞穴。
许久无人居住的废屋旁，
一具被树皮裹着的幼鸟尸体
从使树枝弯曲的风中，抖落。

孩子，你稀疏的毛发
柔和而泛着纯蓝的光。
你的眼睑合上，像紫鸢草
合上最后一片花瓣。

在这腐烂被寒冷阻止的夜晚，
一切聚合为神秘忧伤的图案。
门轻轻开启，死去的村妇
从黑暗的屋里来到井口打水，
凝视着深渊中出现的星空。

魂灵之歌

你举起手臂，又放下。你的歌声
从一只黑鸟张开的喙中发出。
在柔嫩的葡萄藤被弯月切断的
庭院，你挥舞着自己发蓝的骨头
招呼着那些从远方到来的朋友。

你让他们坐下，坐在你生前打盹的
地方。椅背像浸过死者的泉水般冰凉。
蔷薇将谢，和他们的面容一样疲倦。
而你用手指触摸他们的脸颊，一道疤
从柔软得快要腐烂的皮肤上，显现。

你始终沉默，除了从黑鸟的声带里
发出像指尖的血滴在地上的声音。
它的小眼睛，曾在镜中看过你梳头的样子。
朋友们逐一离去，留下低低的叹息，
像一阵风吹过枯死多时的山毛榉。

晚　餐

屋顶的炊烟雾一样散去了。
吃得过饱的老人们，进入了
持续到第二天正午的昏睡。
谷仓里，老鼠藏起了磨牙声。

村后荒凉的坟地，一只野狗
用烂掉的爪子刨着冰冷的土。
饥饿正一点点将它撕成碎片，
如同夜晚将最后的微光吞噬。

而一个幼童，坐在明亮的木桌前
等待发疯的父亲从外面归来。
啊，火苗周围的黑暗多么浓重，
就好像乌鸦聚集在垂死者头顶。

森林深处

他又一次进入森林深处。
那里，树根蟒一样地底爬行。
他的爱人在沼泽中静静地腐烂，
被他无数次吻过的身体上，
鲜美的菌类如花盛开。

潭边，饮水的狍子
用无辜的眼眸注视着
带弓箭的猎手。
一根柔软的藤须
像纤美的血管
在她肩头折断。

他想要拯救这只小兽，
如同他曾想拯救正在下沉的
爱人的手。
他已经忘了，正是他
将她推入沼泽，
也忘了自己
便是那带弓箭的猎人。

水边的柳树

溪水缓缓从芦苇丛间流过，
深黑的鸟巢隐匿在冰凉的雾中。
一道光，将一只云雀腾起时的影子
击落：山谷中传来近于人声的吼叫。

一只母兽来到溪边，看到自己的脸
像陨落的星星一样黯淡。她伸出
长满细毛的手掌，在水中摇晃，
洁净着从死去的鸟儿而来的血腥。

她在柳树旁睡着了，梦到一群幼崽
伸出柔软的手指摩挲自己的皮肤。
其中一头像月亮一样金黄，在头顶看着
她在溪边洗自己细细的骨。

通往果园的小路

通往果园的小路是荒寂的。
几棵发狂的树，在路边厮打。
腐烂了半年的梨像黑黑的马粪
从马尾般的枝上落下。

路上，瘸腿妇人端着一篮绿果
迈着衰老的脚步。她的瞳仁
黯淡得如同吃剩的果核。
一把金色的小锁，挂在她胸口。

不断有鸟鸣声，像一些钥匙
想钻进这把金色的锁中，去打开
其中隐匿的死亡的房间。
她丈夫此刻居住的房间。

这些鸟像从地底冒出的亡魂，
消失于前方一片黑暗的树荫。
阳光泉水般注入地里，新种的生菜
在它幽凉的浸泡中越发青翠。

夏末的禅寺

寺院的幽暗围筑起自身的墙壁。
常春藤贴着沉默，词一样生长。
僧侣们枯坐着，闭上有白翳的眼
进入了铜质钟声不能到达的地方。

一群鱼在放生池中，啃着乌龟
的尸体。其中一只听到了诵经声
默默地游开。噢，被蚊虫挤满的水面
像一滩黏稠的、供生命吸食的血。

——在从未食荤的少年僧侣眼中，
这黑暗的水是慈悲的镜面。父母
在出生时抛弃残疾的他，也是镜面。
无明像果实一样，终于还原为一朵花。

小路上死去的蜻蜓，是它捣碎的花瓣。
沿着这落满花瓣的小路，他走进阴影
覆盖的树林，一边听半枯的松树间
吹过的风，一边帮它除掉眼翳似的霉菌。

采石场

隔着一道让人心悸的边界，
远远地望向采石场。
那里，一排树像哨兵
守卫着矽肺工人的营房。

山体裸露着，凿开的部分
仿佛大地深处翻出的脏器。
一些碎骨在大锤下迸溅，
带着岩层疼痛而阴沉的吼叫。

巨大的石头就这样消融
成微尘，或种子般的细雪。
干活的人们欢快地呼吸着，
如同在庆祝自己诞生的时辰。

树　鼩

她把果仁放在掌心，想引它下来。
她从细密枝叶间察觉了它跃起时的
颤动。在入睡之前，她总爱来树下
与同伴交谈，让这灰色的小兽听见。

它靠近她的手，却又犹豫停住。
深褐小爪试探地伸向柔软的皮肤。
噢，掌心与果仁突然同时消失：
眼珠像黑莓滚动，碰到了幻影的狡计。

它迅速窜回枝上，扭头时却看到
她的脸和从前一样美丽、亲切。
眼眶里的深渊，依然桐油般清澈。

它继续在她屋后的林中跳跃。有时
它会听到她和另一个死去的少年
轻声交谈，在积满落叶的梧桐树下。

梨树下

进入山谷时，梨花
像河流一样漫了过来。
我的目光，被它们
一朵一朵吸入，成为
河上一些小小的漩涡。
此刻，我能感到
死去的人在梨树下
看着我们，他们的目光
穿过这些梨花，
抵达了天空深处的湛蓝。
噢，死亡如此洁净、通透——
当梨花漫过我们，漫过
我们被蚂蚁啃净的白骨。

午间的玩耍

祠堂呼出正午的阳气。隐藏的儿童
从泛黄横梁边缘跳至由木牌
撑开的神龛。浑圆眼珠被文字
刻痕深处的漩涡吸入。兽血滴落
在祭器上发出的脆响，因香气
而氤氲，继而清澄，如同一只幼嫩的手
从流水般的白银中舀一勺蜜。

沸

落叶蒸腾出腐肉气息，天上的鸟雀
盘桓着盯紧土里冒出的一小截虫躯。
在河源打水的村妇，浑身咸味地狂奔
至脉象凌乱的丈夫床边。“村口有人
说你蹬腿了。我连水桶都没拿，就跑
回来。你怎么还不死?”黑色药罐中
汁液暗红，像呕出的血，从一些草的
根茎处挤出黏稠腥味。而更致命的
是言词中旋转如枫叶的刀子。咽气
被炉火推迟至浓汤沸腾的一刻，
骨头在锅里尖叫，要借水雾成形
并唤出宰杀它的屠夫前来索命。

新　年

院中的树开始融冰。被积雪掩埋了半月的死者
从山里赶回了自己的家。所有祖先都在大堂中
等待着新年的供奉，而穿新衣的女童将三炷香
分别插进香炉，纤尘不染的手隐藏着黑色指骨。
她给死去的父亲磕完头，再给活着的母亲磕头，
然后起身给失明的祖父递过一根暗青拐杖。
细雪又在屋外飘起，众人围坐炉边，看明亮的
火舌在灰中搅拌，将深红抹匀在每一块炭上。

雨

天空，沉重的裹尸布
突然掀开——漆黑转换为病态的亮黄。
这金色的、万物静止的一瞬，
是暴风雨前
短暂而压抑的光明。
噢，一切都在等待，
等待着乌云被闪电腰斩。
然后，雨点像喷出的血洒向大地。

阴郁的雷，巨兽般在山顶嘶吼。
动物们匍匐、膜拜。
一只小鸟，在狂风中
唱着颂歌，转眼便被闪电劈中。
尸体与岩石一起
从山坡滑下，
汇入了泥石流
那混乱而残忍的意志。
山脚，一间木屋里，
一个男人正浑身颤抖，

看着眼前即将把他吞没的洪水。
雨落在屋顶，却让他觉得
是从地底冒出的复仇的魂魄。
雨点闪亮，如无数利刃——
在它密集而疯狂的锥刺中，
痉挛的树正痛苦地咆哮。

傍晚之殇

傍晚的风吹动牛粪燃烧的恶臭。
黑镰刀埋在地里，像烂掉的牛角。
柳树挥动手臂与孩子们告别，
田埂上，传来瞎眼女人尖细的呼唤。

在返回村庄的路上，一位孩子
突然开始抽搐。他的脸
现出星星一样暗红的斑疹。
眼睛黯淡下去，如被舀空的水井。

在瞎眼女人的怀中他哆嗦着，
知道自己即将与父亲见面。
他用还沾着塘泥的手搂紧
母亲，央求她让父亲走开。

恍惚中他看到成群的蝙蝠，向他
发出他以前听不见的尖细呼唤。
而头顶，一只鸟盘旋着，在最后的光中
等待天空降下它红色的罪孽。

乌秋与死者

褐色的枝微颤：这是乌秋
在巢中入睡前的最后躁动。
喙张开，像衔着一颗虚无的珠子。
此刻月亮升起，魂灵
从山岗的黑骨灰瓮中缓缓涌出。

在栅栏围住的园子里，一位少女
伸出苍白的手，小心地
承接着葡萄坠落时的紫色。
她的脸，藏在柔嫩手掌般的
葡萄叶间，因思念恋人而憔悴。

他就埋在对面的山上，独自品尝着
滴落到骨头里的甜蜜的夜。
眼睛是一颗刚刚成形的露，
在乌秋筑巢的枝头
映现着月光纯净可饮的黑暗。
有时他会摇醒这只乌秋，看它
从褐色枝头愤怒地跃起。
更多的夜晚，他会用一团浓雾
裹住它，使它降落在
少女的梦中，衔着葡萄般紫红的信物。

晚　餐

黝黑的土灶被木柴照亮。猫
蹲伏在角落，等着鱼被剔出的内脏。
刀在砧板上轻快落下。女人听到了
走廊传来的孩子们的嚷叫。

这是金星刚刚亮起的时分。
屋外的池塘里，两株藕长年并生，
像两位溺水的早夭者，互相摸着
对方新长出的洁白的骨头。
荷叶间藏起的脸，露出害羞的红晕。

女人来到堂前，孩子们
已在木桌旁坐好。油灯的火焰
透过他们的眼睛不断变幻。
桌上，热腾腾的饭菜气息
像战场的烟一样久久不散。
有两个座位空着，但
都摆好了干净的碗筷。
弟弟和妹妹们边吃边听到
黑暗中两位哥哥进餐时的笑声。

黑眸转动

你的眸子是深色的。它们的黑
有来自死去小鸟的气息。
噢，生命的气息，像花瓣
吮吸着树枝上的露水。

我看到你时，你像受伤的孩子
啄着自己身上的刺。
一些冰凉的血从植物内部
进入了你温热的身体。

你注视着前方弯曲的小路，
想着自己从未见过的父亲和祖父。
他们的血，在你眼睛里缓慢流动。
你的眼泪像地下河涌出的泉水。

在世界被吸入眸子的时刻，
你也让其中的黑暗转动。
噢，你的眸子来自一只死去的小鸟，
它们的深黑是死亡的晦涩。

新鲜的血液

1

早晨多美好！从长颈瓶那被拧断的脖子中，飘来了新鲜血液的气息。

2

剥开树皮，满手黏稠的液体让空气充满甜美的腥味。那些白色花蕾，像是婴儿幼嫩的骨节，被我捏碎。

3

树木与天空交媾，花朵与果实都是淫乱的证据。

4

你的歌声尖利如针又缠绵如线，有一瞬间我觉得你的嘴唇都被这歌声缝合了。

5

火焰停止燃烧时就开始腐烂。灰烬中有一种洁净的腐臭。

6

一张精致的面孔即使肤浅，也深刻地映照着星辰秩序。

毁容：最小规模的宇宙革命。

7

面容的美，漂浮在头骨构成的纯净骷髅之上。

8

他痛苦于他的过度健康。安慰他的唯一方法，是让他用身上撕裂的伤口来痛饮自己的鲜血。

9

语言向人吐露它所有的秘密。但在它完全吐露之后，人们认为它仍有秘密。因为语言最后的秘密是：它究竟为何要向人吐露所有的秘密？

10

一棵长得太贴近土地而无法起风的树。

11

雪花的六边形也可能是三角形或圆形，它的晶体结构也可能是一条流动或燃烧的河。

12

在每一条路上都有一双鞋子，为了提醒你只能赤着脚走完所有的路程。

13

击碎镜子并不能将自我肢解——那些裂痕瞬间就变成了白色胶布，制止了血的涌出。

14

一首诗是一把凌迟的尖刀，将词语一片片从语言的母体上剐下。

15

精液比乳汁更加圣洁，它创造而不只是喂养。

16

深潭中的血像冻结的篝火，正缓慢融化成清澈的天空。

17

是的，真理是光，但不是任何正在燃烧的星体发出的光，而是已经死灭了很久的星星从遥远世代传递过来的光。

18

纯洁的钉子，靠吸血而伸展为一棵圣树。

19

剑是一座桥，架在英雄与国家之间。

20

孤独是心灵的无限密集的震颤。

凭借孤独我们才得以悬停在神内部，如同一只围绕着花朵不停振翅的蜂鸟。

21

一发炮弹击中了他的腹部，使他怀孕。而他竟然生下了和平！

22

爱是从天空降临的，但不是一场雨、雪或风暴，而是从天空降临的天空本身。

多么混沌而又清澈的天空……

23

从孩子熟睡的身体中，我们可以清晰地听到父系和母系的血液在相互争吵。当它终于平息，孩子就醒了过来，并开始与父母争吵。

24

月光击穿了头骨，降落在舌尖时已变成一个锋利如矛的词。

25

每一个关键词都必须重复至少两次，正如每一根击穿身体的钉子必须喝至少两次鲜血才能成长为一棵圣树，或者每一片天空必须降临至少两次才能从混沌变得清澈。

26

果实并非花的溢出，也不是花的收敛，而是花之德性的圆满。
把果实榨成汁或剁碎成泥，是一种必要的伦理姿态。

27

“唯有上帝能使我们抵挡腐朽”——其方式是将所有的腐臭全部吸附到上帝的尸体上。

28

城市因拥挤的车辆而仿佛一个昆虫世界。哦，这些昆虫还能发出低沉或高亢的鸣叫！

29

老人拖着他们的身体就像拖着一个麻袋，当他们睡着时，他们就把自己装了进去。

30

药片是一个冻结的海洋，我吞咽了三次，才制止了它从我的咽喉溢出。

31

火焰中最精粹的部分，是正在凝望火焰、并想要将它扑灭的目光。

32

一个词真正被人咀嚼的是它的可咀嚼性。事实上，在咀嚼到一定程度时，它早已经解体，成为了一些比词更原初的语言纤维。

33

世界的堕落并非从神圣堕落为虚无，而是虚无本身的堕落——从神圣的混沌堕落为清澈的天空。

34

浸泡过死者的泉水无比甘甜——舌尖触到了不断

溶化的、冰糖颗粒般的魂魄。

35

一双抽搐的手被他画得极为精准。而他的手只在作画时才停止抽搐。

36

事实是一道裂缝，解释的青草正从其中长出。

37

头骨是一座位于身体顶部的白色宫殿。一把斧子占据着王座。

38

火焰的净化并非成为一束光，也并非成为雪一样洁净的灰烬，而是挣扎着融入黑暗并成为其中不断抽搐的部分。

39

在这里，一切伤口都被强制缝合。不是为了止血，而是为了让它不再能发出任何呼喊。

将骨头炼成一把从内部切开自己的尖刀是必要的。

40

所有胎儿都早已死在子宫里。所谓出生不过是来世。

41

眼泪是人与痛苦交媾时涌出的体液。

42

一切飞行之物皆是低贱的：臭虫、蝴蝶、愚蠢的鸟类和该死的天使！

43

我们的脸就是堕落的明证。
看看我们的眼睛吧！它们已变得如此清澈，以至于再也不能容纳任何神圣的混沌。

44

老人哭泣时仿佛一口枯井正涌出浑浊的泥浆。

45

对鲜血的渴望来自渴望的鲜血。
杀是一种爱欲，是所有血液与生俱来的、想要汇聚成海的彼此呼唤。

46

“斧子”这个词不是一个耀眼的光点，而是一道运动的、被染成血红的弧线。

47

他伸出被齐根砍断的食指指着那棵树，对工人说：“把它砍掉。”

48

那些神圣的死者，在他们的尸骸化为尘埃之后，继续在书籍中散发着恶臭。

焚书是一次清洁行动，为了让活人还能呼吸到新鲜空气。

49

杯子又空了。请用你的鲜血将它盛满。

第三辑/经验研究

水果铺

这条路连接种子店和垃圾堆，
中间站是水果铺。
风中的叫卖敲打所有的耳朵，
谁在傍晚把头转向它？

秋天尚远，越来越早熟的果实
藏起幼稚的种子，渴望着被挑选、
出卖。能让天平倾斜，
能吸引人们的目光是多么荣耀！

水果的光泽在柜台上闪动，
果实厌倦了树和泥土，在枝头
经不起成熟的诱惑。一家水果铺
收集了多少失足的坠落？

所谓成熟就是忘掉灵魂，
就是在目光中展示肉体的光泽。
果实在柜台上，
失去了采摘之前的高度。

曾被男人遗弃的老板娘向每个人微笑，
让人猜想她年轻时候的美貌。
如今她遥望路尽头处的垃圾堆，
目光反射着烂桔子一样的夕阳。

走进水果铺的是一位男生和一个
穿超短裙的苹果脸的女孩。
是饥饿，还是爱情，
使这间黯淡的小屋在他们眼中发亮？

“来两斤苹果。”男孩掏出钞票，
“两斤最甜最好的苹果。”
他的语速显露出他的急切：
女孩咬住苹果，他咬住女孩苹果的脸。

水在果实里并不流动，
却在另一条河中奔流湍急。
甜蜜在静与动间犹豫不决，
两个人被一滴水淹没。

而果实迟早会被吃尽、扔掉，
正如所有的河迟早都要干涸。
它是否还会留下一粒苦涩的种子，
结出酸果，卖给所有的人作为报复？

或者，在辗转出卖中变质？同一张脸
在不同手指的抚摸下面目全非。
许多东西比水果更甜，
也比水果更容易腐烂。

这是命运：果实别无选择。
不会再有疼痛和流血。
我看到水从果实中慢慢溢出，
冲决世界。一只苹果使一座城毁灭。

男孩托着女孩走出水果铺，
老板娘却转过头向我微笑。
还是不进去吧：我眼睛度数过深，
水果铺需要只看到表面的目光。

夜雪小镇

雪在夜晚着陆。小镇的耳朵
　　听不到雪落，
它听到的是持续高烧的音乐
　　和麻雀。
对于从天而降的东西人们不会
　　放在心上，
没有钟声的小镇也没有教堂。

雪在黑夜仍是白色的。骨灰的冷光
　　在头顶闪耀。
人们的眼睛逃往别处。当小镇
　　被黑夜覆盖，
黑夜被比夜更深的积雪覆盖，
　　谁在茫茫天地间
打出一张牌：白板?!

通宵灯火制造出一个220伏的冒牌白天。
　　而门外的黑夜
像一只陌生人的冷眼，朝小镇的

骨头深处观望。
人们变得比冬天更冷漠
和凶狠，许多人
只剩下骨灰还是美丽的。

年轻一代梦想着离去并且
不再回来。
他们在梦中已经成为异乡人。
脚步声
从雪地上传开，那是梦中人
在魔笛声中走远，
那是小镇的骨头在断裂。

雪冷得发抖。而贫血的小镇
却依然热闹。
会不会有某种更高的寂静
突然把人们吓住?
而雪像被人撕碎的信一样
恶意地落下，
黑夜的小镇就要被大雪淹没。

晾衣记

1

这是有风的夜晚，很安静。
我站在屋外的阳台上，把手
不时伸向高处，像在进行
一种仪式。我听见浮出水面后
衣服的呼吸，空气里
弥漫着洗衣粉淡蓝的腥味。
是的，水已洗去它们可见的尘垢，
但那些看不见的灰尘仍然存在，
像一种原罪。因此，把手伸向高处
是在祈祷：那无法被水洗净的，
能在夜色的浸泡中，被月光洗净。

2

在我脚下，阳台像纸片一样铺开，
这个夜晚它也是月台：月光，
这列蓝色快车已经到站。
搭上它是有福的。但我

只能在另一列慢车中呆着：
它以生锈的速度驶向幽深的黑暗。
这些花格子衬衫，像一尾尾
成熟的鲤鱼已排好队列，
等待一扇门最终打开——
它们在风中微微摆动，准备着
最后的跳跃：跃入光，或者虚空。

3

我晾衣时，洗澡花也在晾她们
小小的收束的红裙。月色
在香气中湮开，成为柔和的光晕。
明天，她们将竞相展示衣裳之美，
身段之美，骄傲之美。美
并不是一件可以脱掉的外衣，
而是她们赖以存在的形式，
正如速朽乃是时间的形式。
我抚摸这些花的裙边，
感叹着她们的洁净精微——
长久的编织、储备，却只穿一次。

4

这件蓝外衣是悲伤的：它无法抵御
时间之水的反复冲击。

它褪色的过程犹如水土的流失。
细小的水珠在它下方的边缘
闪亮，一滴滴打在阳台上，
仿佛整件衣服都在融化。
染色的历史：它曾照亮一具肉体，
现在却变成皮肤上多余的皱褶。
我是否应该抛弃它，像抛弃一位
衰老的情人？或者相反，应该
向天空学习如何珍藏：
晾在夜空中的月亮也已陈旧，
而它是死者在大地上唯一的遗产。

5

哦，还有最后一件，它是我
自己编织的。当我穿上它时，
它就不可见。它贴身、附骨，
能传递身体的寒冷与温暖，
却比穿在外面的更易受到污染。
它的质地就是我生命的质地，
有着布料的坚韧和丝绸的柔软。
每隔一段时间，我都要
将它清洗干净，铺在阳台似的
纸片上，让来自上方的光
挤尽其中的水分。

航　行

自港口出发时，风正从海平面
掀动纸的历史。
波浪和褶皱如同发生的事件，
动摇船身镇纸般的统治：
触目，但随即逾越了视力。
它们消散在新的、更加绵密的波纹中，
柔软的海水撞碎在甲板，
加入了铁的寒冷。

进入航行，便是进入一种观看，
在海的照耀下理解万物：

水战胜了铁，分开又聚集；
说出的词战胜了空气，分开又聚集。
道路出现，消失，
船像一头犁地的牛，冰冷而坚忍，
犁沟却并不生出草木和花朵。
在船上看到的天空，并不比
牧童在牛背上看到的更加辽阔。

——这样一种观看是对观看的限制，
它区分，或隐喻着区分。
海的形式并不是无形，
也不是水的一种团结或道路。
海不是一个词，正如
航行并不构成一个句子。
海水是透明的，
但并不被光所穿越。

我能理解的一切仅止于此：
习惯了黑暗的视力，被逐渐
带入光明，像一只海鸟
沐浴着海水一样至善的光线。
这仿佛是一种教育，
带着滑翔般的姿势和控制。
我能理解的一切仅止于此，
而我不能理解的
仍然从纸一样的海面反射到脸上。

在这未知的照耀下，船继续航行。
有一瞬间我仿佛获得了什么，
但我却无法把它带回陆地。

高　原

构造山岳的力量就在我们面前。
积雪的皮肤下
岩石像骨骼缓慢生长。
高处的溪流里，石头和冰交互混融，
经过阳光的催化而成为银子，
从白玉般的坡上倾泻而下。
那轰鸣的雪，在苍鹰盘旋的催眠中
重新变得沉静——
此刻，地上的每一个人
都只是鹰在雪之梦境中的投影。

山下，每一棵树都在遥望，
像一群孩子遥望远处的父亲。
它们的目光明澈而坚定，
并不畏惧从山顶投来的
父亲般严厉的雪的反光。
树克制着行走的冲动，
甘于成为向天之路的路标——
一条道路，像逆行的溪流

从被风劈开的村庄流向茫茫山顶。

而山体，它炽热的心脏在深处跳跃，
创生出血液般激荡有力的岩浆，
在一切缝隙间冲击、拍打。
山体从未依附于太阳的照耀，
即使是当晨曦用光之绳索
将山的轮廓从黑夜的深井中拉出。
大山自身奋力地显现，
它的出场是心脏跃出体外的冒险，
并不需要太阳成为它头顶的光环。

——我目睹着这一切，想到
高原之高乃是高贵。
而天神的赞词，
就是雪片从天空落下。
但山并不接受被这些词语覆盖，
它不时地发动一场雪崩，
去推翻业已凝固的语言的统治！

月　出

傍晚后的山体，裸露、黝黑。曾因夕阳
渗出地表的金色血液，
重又凝结为地底的矿脉，继续低语着
它们的疼痛之歌，来自未痊愈的
积满淤血的内部伤痕：
山因疼痛而醒来，向天空伸出尖利的手指
要抓并撕碎状如海鸥的白色星星。

山顶，一棵树弯起身子朝另一侧悬崖俯视
看到云层正拍打着岩石但仍有
不明的光，从深海般的黑暗中升起。看！
云层像尸衣一样慢慢裂开，银亮的核
如魂灵涌出，为古老而残忍的夜，奠基。
悬崖在一瞬间闪亮如同刚刚开硎的刀身——
岩石，在光上磨着，又互相砍削宛如奴隶们在撕打。
奴隶们死去，在浮雕里继续战斗：月亮，带着历史学家
的冷峻视线，从它们身上，移开。

一只鸟，筑巢于树顶，因这刚刚涌来的光
惊起，绕着树，翅膀浸在凉水的光中
拍打，画着圆圈，喙中滴落水珠般的叫声——
树挣扎着，响应鸟的呼唤，想要直起身，却被前方
幽灵一样惨白的月光吓住，重又低下头，抱住膝盖。
月亮踩着树的脊背升起。
山顶，在它脚下，映现出祭坛的辉光。

清晨的抽屉

1

清晨的抽屉在黑暗中。锁孔
泛着黄铜的光。房间里
它是唯一不能被完全照亮的部分
像一种记忆，或一些有待解封的
秘密，而第一缕晨光并非钥匙

2

当我醒来，第一件事就是打开抽屉
寻找那封一直藏在底层的信
那是死去的我寄来的。信无字
需要我自己每天填写。我打开信封
把昨天，和昨天的梦境都塞了进去

3

在我看来，清晨并没有将天空
从夜的大衣柜里完全拉开。它只是
取出了一些霞光做成的衣裳

那些更大的云团，是裹在一起的
被褥，被昨天的阳光刚刚晒过

4

地平线像抽屉的边缘，在晨光中
缓缓拉动。我的眼疾，让我只能
看到远处的湖泊像药片一样发蓝
很长一段时间我都立在窗前
仿佛在望着什么，其实是被无凝视

5

杯中的水已经倒掉。我拿着空杯
又倒了一次。两次重复间
一些隐匿的东西发生了变化
正如抽屉，在清空之后，要将黑暗
再清空一遍；或一些事情，被人反复遗忘

6

我并没有再打开抽屉。只眯着眼
在晨光中眺望远处的山峦
我看不清它们，只能听到自己的心
在抽屉一样黑暗的胸腔里跳动
未来，它将被手术或别的什么打开

论倾听，或口音解释学

清溪高过会社。
在模糊之前，一场圆形的雨
因雷电的磁场而偏离、抖动，弯曲成椭圆。
一个小池塘，因来不及避雨的鸭子
而超载，进入汛期，将泛滥的池鱼
堆到李姐的门口。李姐总是在
吴姐的家里，她们之间的对话
和烟雨一样永无止境。
远处，是一只机敏的狗，对着陌生人狂吠，
守住雨檐，这春仔的家。
更远的地方是一些不可辨认的、轻微的声响，
可能来自于沥湿的裸鸡。
我们总是在前涧那里遭遇李姐，
而实际上我们分不清李姐和吴姐。
我们所见的清溪，在流过山脚时与前涧
汇合，消失在远方的地平线上，
融合为一。

口吃者

每次他想要说出“我爱你”，
他的声音就卡在第一个字。
“我，我，我……”这连续的“我”
像一串朝自己发射的炮弹，
让他受伤，让人替他干着急。

有时，他也会卡在第二个字上：
“我爱，爱，爱……”
这非并犹疑，是无限的“爱”
永远无法抵达自己的对象。
他说，这正是“浪漫”的定义。

当他终于来到第三个字，
“你”却变成了一个回声：
“我爱你，你，你……”
这听起来像是指责，又像是
洞悉了“你”之中无尽的分离。
而如果他要说出“我爱死你了”，
他只能在“死”字上永远停留。
死战胜了爱，这不是他的过错：
谁叫他的舌头不听使唤，
如一条被鱼怪寄生的鱼。

深秋的校园

深秋的校园披裹着寒气。
薰衣草从靛蓝变成深黑。
一个在钟楼前徘徊的人
从斜坡下来，他的黄帽子
闪烁，如同正沉没的落日。

已故教授常常散步的小路上，
几只灰鸠上下跳跃，从碎石中
啄着灰烬般坠落的种子。
一阵急促的自行车铃声
将它们又驱回冰凉的枝头。

萧瑟的风吹着旷野般的广场，
食堂散发的霉馊味渐渐淡去。
喷泉停止涌出，有人却开始痛哭。

教室灯已亮起。沉睡了一年的
学生们在课桌前坐下，从书包里
取出眼珠，重新放回自己的眼眶。

中年的窗户

午后的细雪在窗前落下。
在这遥远、恍惚的时刻，
我从一堆书籍回到肉体，
感到瞌睡像劳作后的黄昏，
缓缓降临到自己的眼睑上。

雪轻叩着窗户，发出写字时
笔摩擦纸面的轻微声响。
我闭着眼，却能看到一些屋顶
正以可见的速度变白，货车
开始在柏油路面留下清晰的辙印。

这片刻的安宁，多么幸福和脆弱！
那些琐事和烦忧，依然像搅拌机
在心里持续轰鸣。中年的疲惫
是一阵细雪落在我颅内，而我
已来不及把它驱散到窗外。
此刻，书房里光线逐渐变暗。
打印纸像厚厚的账单，催促着我

继续为论文码字。有一瞬间
我好像看到雪花飘进了空白页面，
在那里自动生成、转换为深奥的

谜语般的文字。虽然我无法识读，
却知道那就是我真正想写的。视线
从液晶窗口移开，我停止了工作。
而雪仍在天地间不知疲倦地书写，
从另一扇打开的窗向我涌来。

他　们

他们聚在黑暗的楼道里，像岩洞的蝙蝠。
五根指头紧紧吸附在岩壁般的
手机上：这是唯一的应许之地。
他们的眼神仿佛在注视远方，
有人经过，才警觉地收回。
低下头，像做错事的孩子。
他们在楼道里从不交谈，只不停
发着短信，等电梯门开启。

有旁人在时，他们按键的楼层
永远不是他们真正居住的楼层。
楼道的黑暗，来自他们将每一盏
公用照明灯弄坏。常有新人加入他们，
其特征是每天敲错好几次门。拖着
编织袋和沾满站票车厢灰尘的鼓胀皮箱，
这些男孩和女孩把自己像货物一样卸下，
扔进蜂窝煤般的高楼，接受火的淬炼。

他们是不工作的打工者，是没有班上的

上班族，每天按时出没于
各个小区，带给城市虚假的流量。
他们的衣着和发型都是十年前的
流行款式，有扎眼的城乡结合部风格。
他们像白领一样忍受臭脾气上司
的训斥，又像红卫兵一样发誓、赌咒、表忠心，
对组织无比热爱，对敌人残酷无情。

他们眼中的城市和抹布一样灰暗，
而自己却是抹布上最污的那块油渍。
他们从不打的，腹胀般将一辆公交撑破。
他们只去最下等的馆子，将苦涩的发财梦
拌着地沟油和家乡带来的咸菜一起下咽。
（青春和没洗净的豆腐脑也被一起咽下。）
然后，他们用发黄的餐巾纸抹干嘴，
藏起结巴，继续扮演好舌头的角色。

全院大会

我踩着最后一道铃声进入会议室，
刚好撞上院长瞥来的肃杀眼神。
所有人坐得笔直，像在受训的小学生。
只剩一个位置还空着：第一排中间，
几乎是正对着主席台上的诸位。
噢，这难道就是“迟到的惩罚”？
我坐下。耳边是系主任的声音：
“今天的会议非常重要，每个人
都要做笔记。”我掏出揉皱的纸，
开始用笔在纸上画符，一边念念有词，
像极了院长正在台上秀的英语。
“Destiny 这个词，正如古希腊哲人
巴门尼德所说，它是 *Moira*，是
真理的不可动摇的中心。”真郁闷！
院长何时研究过希腊哲学？或者，
他是看了我刚完成不久的论文？
而与南亚穷国的合作，又在何时
变成了我们的“命运”？台上的诸位
轮流发言，“规划”“方案”和“思路”

各色词汇在我耳边如嗡嗡的蚊蝇。昨晚
熬夜养大的瞌睡虫，早已从大脑皮层
爬至眼皮。我仿佛坐在缺氧的飞机客舱里，
用一只手掌撑着下巴，让自己别睡去，
而领导的训话却像越来越稀薄的大气。
我感到我的头变成了童年时的铅球
无法用一只手托起。沉重的压力
让我直接趴在了桌面，我甚至
听见了自己发出的轻微的鼾声。完了！
对面就是主席台，就是能决定我命运的
各位神仙，而我却在他们面前睡觉！
而就在我最后睡着的那一刻，我从梦中醒来。

无名氏之墓

十月的一天，我们一起进山。
山道上，尚未晒干的泥有一股牛粪味。
虫群般的乌云被午后的日光驱散，
但还残留一些阴冷的湿意。
我们行至半山腰，越过那道
垂下一条长绫般瀑布的隘口，
就看见一座坟出现在道旁的林中。
两棵高大的松树如同守墓人，分立于
墓的左右。青砖垒起丘状的墓身，
拱形弧在落叶连年的压迫下
已有垮塌迹象。苔藓
覆满墓石，如同深暗的蚁群
正吞食着一头野兽的尸体。
尽管字迹模糊，但我们仍能辨认出
立碑的年份是一九四一年。
墓主不知名姓，只知生前是位商人，
行至此山遭劫匪而遇难。
他的尸体被从隘口抛下，目击者称
其姿态如一条从瀑布中跃起的鱼。

尸体在山谷找到时已是三天后，
被兽类撕咬得只剩骨架和头部。
本地无人认领，只能于此处立碑，
葬其骨骸，使其长与松林、瀑布为伴。
我注意到碑的朝向：它正对着隘口，
是否在向着深渊招魂？或者在凝视
那加害者抛尸一刻的面容？
而我也想知道这些盗匪后来的去向。
他们是被政府剿灭，还是隐迹埋名
重新做回普通人，就好像他们的手
从未沾染任何血迹？从史书中
我约略得知这类盗匪的行迹：
在掠夺了足够钱财后，他们多数
在外省成为了商人，娶妻、生子，
成为某地风光一时的大户。
而这无名无姓的遇害者，或许仍未婚配，
或许家中有妻儿老小。他生前
多么忙碌，死后却当上了山中的隐士。
这是否算是遂了他的心愿？
落叶在风中旋成一团，其声音
不似哭泣，倒像是他的魂魄
在向我们致意。黄昏降临，
乌云在隘口上方的天空重新集结。
这片树林又变得阴冷，苔藓

开始吸食从土层中冒出的寒气。
我们下山时，可以在每个拐角处
看到那两棵坟边的松树
像两只手臂一样朝天空伸出。
或许，我们的离去让他再次
变得孤单，又或许他对此早已习惯。
而我们无法真正了解他，正如我们的眼睛
无法穿透这座墓穴。只有风
不断从隘口吹向树林，吹进坟深处。
而落叶如黑雪，继续将这座坟覆盖。

山　坡

暗青色的原野被雨冲洗。泥从草叶缝隙
溅起，抹茶般黏附于裤脚。我们的脚步
无法轻盈，像两只崴了脚的绵羊，在这
沼泽般的山坡深陷。这时雾气刚从悬崖
涌上来，一团一团，如打着哈欠的魔鬼
将我们的脸糊成一些悲伤的面具。我们
看不清彼此，即使我们的肩头正在靠近
即使我们像鸟一样彼此交换友爱的清鸣
天空继续滋养着阴郁，如同漏水的屋角
而死者们正竞相从这片无光的地带起身
沐浴于雨，并用腐烂的舌根开始了歌唱

游铜鼓岭中途折返

盘山石阶蛇隐于云木，被苍郁树冠覆盖。
饮着椰汁般清凉的山风，我们在负氧离子间悬浮。

每个人，都在用手机器官
将风景消化为若干 MB 的图片。眼睛辅助着构图、切割，
从湿地入海口引出一道月亮的弧线。

悬崖一侧，人们站在炮台上拍照，摆各种凯旋姿势。
这旅游业对军事的短暂胜利
很快就被来自基地的警告终止。

而我听到重物坠地的声响，像一只疯狂的鹿
用鹿角撞击这沉闷的铜鼓。
作为余音，松果不断敲打着地面。

石阶在脚下延伸，我们却不能再继续前进。
拍下的图片被隐秘的手从手机中抹去。
尽管液晶屏显示“无法连接网络”，但耳朵
仍能接收到鸟鸣的声波，从被圈禁的森林深处传来。

海边的石头记

一堆石头在海边出神，吐纳。
四十余人进入石头道场，
开始议论诗的生态问题。
噢，浪沫是大海的口水
飞溅到了沉默的石头上，
犹如此刻，也溅到你的脸上。
只要你愿意，沉重的话题
可以马上转换为轻盈：你站在
一堆石头中间，就仿佛
站在一堆白色的云朵中间。
于是碧蓝、虚无的海面
瞬间就变成倒置的天空。
你被晒得发红的脸庞
像是因争论而激动，又像是
第一次在地面却感到是在天上。
你踩着这些石头，如同踩着
一些被吹得膨胀、绵软的词语，
你控制着自己不在上面打滑，
并想象自己能把它们从这里带回，
铺成一条通往大海的私人通道。

在细雨中

我们一边说话，一边在细雨中走着
一些新翻的土黏在我们脚底
像自己的过往一样难以摆脱
从柏油路进入这田间的小路
恰如从你的乐观切换到我的悲观
你的帽子，挡住了你的视线
不如我的眼睛能看得更远
雨时而稍大，时而又变小
我们的谈话声是些更细微的雨滴
被这个时代的薄雾包裹
远处，山峦安宁如死者
染上了一层入殓时特有的乳白色
偶尔会有几声寒冷的鸟鸣
蛋清一样溢出了这壳般的寂静
我们没有目的和方向，或许
我们只想在这弥漫的雨中说话
任由语词像道路一样无尽延伸
但我们的声音如此细小、轻微
就像路边颤抖的树，无法呼喊
也无法撼动哪怕一小片乌云
只能浸在这片雨雾里，走向末日

隧道中

——赠张伟锋

自昭通回昆明的路上，经过
一条名为“打厂箐”的隧道。
隧道深长、黝黑，我们
像是行驶在记忆深处。
“箐”这个字我不知如何发音，
或许是“精”湛，又或许是“清”溪。
你坐在我旁边，微闭着眼，
可能正梦见你不满两岁的女儿。
我却想起多年前，与小毅一起
在万溪冲村后的密林，
曾经过一座叫“麂子箐”的水库。
它在群山环抱的山谷里闪光，
如一滴眼泪，或一枚遗失的硬币。
水面多么清澈，似乎有风
在水下吹拂。几只鸭子
上岸，呱呱叫着且扑向
我和小毅。晃晃悠悠，羽翼
在阳光下抖动着一团水雾。

——它们的姿态
多么憨厚、亲切，又令人猝不及防，
恰如此刻，几座峰峦裹着水汽
从隧道的出口向我们涌来。

昭通记事·游大山包

我们在雨中上山。寒冷的水气
使头脑清醒，正如山泉
将我们的鞋底濯洗得如此冰凉。
整座山上的青草和树叶，在雨中
都披上了一层细小水珠，并发出
微弱的、如同密集针尖的光芒。
我们的交谈并没有被光芒照亮，
而是沉陷到更加幽暗的地方。
你谈到失眠，谈到长期焦虑和抑郁，
眼睛一直注视着坡上那些悲哀的羊群。
它们的命运，是在被宰杀前尽可能吃草。
而我注意到另一头绝食的公牛，
它闭着眼，一动不动，或许仍未认命。
布谷鸟的鸣叫，像打更一样周期性地传来，
提[illegible]所有的牲畜按时作息、交配。
而我[illegible]
在悬崖边[illegible]栈道曲折如生命延伸，
它就像雾气，[illegible]们谈到希望，
将深渊隐藏到视[illegible]崖锋利的轮廓，
[illegible]方。

不远处，一些牧民招揽着骑马生意，
另一些牧民在寒风中，用几乎看不到火的黑炭
烤着苞谷、鸡蛋和土豆。
我们缓慢走着，忘了自己是走在去程还是归途。
某位诗人刚刚病逝的消息，让我们长久沉默，
也让我们想到死亡并非突然，而是缓慢到来，
就如同那些不断风化的石头，在坡上
貌似静止，其实一直在往悬崖滚落。

雨将至

山路幽暗如血痕。从闪电鞭笞下
逃脱的松树已化身人形，披挂着
琥珀饰品在涧中饮水。追身前来的
执鞭童子有银项圈，且冷笑吟吟
望着这满身毛发如针的虬髯客。
噫，溪水清澈如一个谜语，而森林
早已落满尘世的灰烬。这松妖，
与未成形的可能性搏斗，使出的
浑身解数不过是蒸腾雾气
从隔山水库携积雨云前来落幕。

语文课

小男孩在电动车上看天空。
他七岁，属牛。“天上的白云
像早晨喝过的牛奶……”他说。
“……一样黏稠。”妈妈补足了
句子的语气。两旁飞掠过的
山坡、青草、野花，是一些
不断联结又分离的词，在他
七岁的心中排列组合，就好像
是在一头小牛的胃中反刍。
而他在车后座上扭动的屁股
擦着黑皮软垫一如牧童擦着牛背。
他眼中的牛正看着牛眼中的他。
他清亮的口哨声胜过竹笛，
将大人的闲谈扫进语言的废纸篓。

在回龙寺

1

在万溪冲，我见到
一颗印，一座族庙。
一层白石灰像薄雪
渗进土砖墙的原色。
蚂蚁沿墙根爬动，在目光中
持续上升到横梁。
木头沉静的气息，使我相信
古老未必等同于霉烂。

2

这庙是道光年间修的。
曾有几次，我远远地望见它
屋顶的神兽、剑戟，
两侧屋脊舒缓弧形的轮廓。
起风时，众多梨树
将它藏起，梨花像细浪
从上面漫了过去。

我眯着眼，才找到它的水印。

3

两棵侧柏与庙同龄
立在早被拆毁的八角亭前。
夏蝉喜爱侧柏的气味，
锯状的叫声
在高枝间来回拉动。
阳光从树顶
落下，触及瓦片
就化为灰烬。

4

天井侧面的楼梯
通向已经倾圮、曾是小学教室
的阁楼。
白蚁啃食着桌椅，像幼嫩的魂灵
进入了朽木。
溪水一样的诵读声
从这里流出、漫开，现在依然
浇灌着满院青草。

5

庙的四角都是厨房。

（其中三个已经毁坏。）
铁锅闲置在灶边，
黑得就像一口深潭。
门边，一只红冠公鸡
与我们对视。从它敌意的、
幽灵似的目光，我们知道
它曾被宰杀过。

6

侧柏的阴影
在变深，落在香炉
内壁的花纹上。
道光时代以来的尘灰
沉积在炉底，像不断
覆盖自身的记忆。
如果你把手靠近，就会从指尖
升起缭绕的青烟。

7

天色正在暗下来。
瓦片尽力吸收着
最后的光，将温暖
传递给缝隙间的蟋蟀。
大殿中，一些低语

从幽暗的角落里传出，
仿佛神像和佛像的交谈
不小心被人听见。

8

出庙门时已是傍晚。几个农民
正赶着牛车从地里回家。
牛发出低沉的哞叫。
一群蜜蜂，在嗡鸣声中
返回树林深处的蜂巢。
庙宇在我们身后，逐渐变成
我们和远山之间间隔的部分：
梨树，道路，一座村庄的安静。

月亮山顶

1

地底蒸腾出的热力开始冷却。
我弓着背，从草丛起身，掸掉衬衣上的尘土
和几根细碎的草叶。风在变大、变凉，
风向也从东南转成西南，提醒着我
这是夏日即将终结时的黄昏。
在山顶坐正，幽凉细密的草
摩擦我的小腿和脚踝，上山时被荆棘划出的血痕
还在隐隐作痛。而我的眼睛
却被温润光线牵引着，开始远眺。

2

正前方是一道平缓、悠长的斜坡，三重树林
将视野分三次推到较远处的另一座山头：
鳞片般闪光、叶子深密的是槐树林；
叶片浓绿、肥大、分明的是杨树林；
深青、混沌、带微褐色的是松树林。
从那边山头吹来的风，将三种树木的味道

包裹着，夹杂着鸟雀和蝉的鸣叫，
还混进了拐角处一座新坟的气息。
年轻的死者，以墓碑的反光
注视着远方：多美的尘世啊，云层
沿山脊的轮廓线伸展，像骑鲸仙人
身后的波浪。他留恋的眼凝望着夕阳
缓缓沉落到墓穴深处，映照冥界的黑暗。

3

少年时，我常在这山顶坐到黄昏，
看云下的船只来往：匀速的梭子
在凹进两山之间的湖面上
织出一条明亮、金黄的缎带。
汽笛声由远及近，像沉闷的兽吼
使整座山的青草弯月般倒伏，
使一窝刚刚长成的野猪崽满坡乱跑。
永远消失了，这往昔的景象！此刻
我看到的是：灰暗、污浊的湖水
像裹着厚厚灰尘的抹布，在黄昏
冰冷的光中抖动。水边，一条破船
正静静地腐烂。夕阳下，两座石钟山
被银灰的反光包裹，如同剥落了镀层的
织机机座，锈迹斑斑
闲置在黄赤分明的水文线旁。

4

堤坝蘸着浑浊的江水划出一道弧线。
从山顶望去，被长江和鄱阳湖环抱的县城
像初学者涂鸦的图纸一样展开。
一条从正中贯穿的笔直大道
将县城分割为明暗、新旧两界，
看上去像是一个人身上长出了
两片完全不同的肺叶：
右侧新城油亮光鲜，而左侧
却像矽肺病人的胸腔，被破旧平房
和烂尾工地填满。
噢，发炎的、重症垂死的老城！
在一大片蜂窝煤状的灰暗建筑中，
我终于找到一块颤动的
亮斑：我中学时玩耍的操场。
我竖起耳朵，想要去听
曾在其中拍打的潮水般的喧闹；
而我听到的只有风声，像记忆深处的叹息——
多么久远的距离，将世界
转瞬就凝成了玻璃般的寂静。

5

由远及近，从密集的红砖楼
过渡到稀疏的平房，哪一幢才是我家的房子？

十五年前，我能从一片纷乱的色点中
轻易找到我住的楼层，找到晾在阳台上的白色棉被。
那时我的眼睛多么好使！
无数次，我从家中的窗户凝望这里：
白天，在读书间歇，我将远眺山顶
当成眼睛的休息；夜晚，我看到月亮
从鸟巢般平稳的山冈孵出，
分离之后，投给山顶一片美妙的弧光。
现在，我坐在这里，视线
因遥远、不断变幻的色块而迷失，
无法辨认家的位置。

6

只有风继续迎面吹来，带着草木荫凉的湿气。
在我头顶，天空正急剧变暗，
云层像炭笔不断涂黑的背景，从中涌出
某种深藏难言的悲哀。
假期即将结束，明天要回云南。
十五年，像这黄昏的光线一闪即逝。
一个人重新回到这里，为了再次离去。
从草地上站起，下山。回头时
我仿佛看到自己身上的一位少年
还继续坐着，在黑夜的山顶好奇地抬起头
遥望星群，默想着宇宙的边际。

捕蝉记

李梨家屋后那棵长歪了的榆树上，隐藏在
一片吊着深绿钱串的枝叶间，黑蝉
用细长的足抱紧树干，吸食着树髓，鼓动
腹部的膜，鸣叫着。这是正午，油脂般的空气
被这鸣叫声加热，融成黏糊糊的一团
在我们刚洗完澡的身上涂抹。李梨放下手中
发黄的扑克牌（他已经连输了三把）：
“不玩了。这知了真烦人，定要把它捉了！”
我们从汗涔涔的竹席上站起，开始在屋里
翻箱找工具。那时他九岁，大我一岁，
从他黑火药似的眼睛里我可以看到一种
被天气点燃的惩罚的冲动。

我在角落里找到一根竹竿，还带着
幽凉的墨绿色光泽（可能是不久前砍下的）。
李梨用细铁丝绕两三圈，箍出一个
碗口大的环，在接近竿头的地方固定住。
白塑料袋被吹得鼓胀，边缘套在铁环上
扎成裤腿荷包式的半开放口袋。

一个空中陷阱就这样制造出来——我觉得
它更像是飘浮的魔怪，白色、半透明的头颅
张着要吞食一切生灵的大嘴，而竹竿
是它细长的脚踮在我手上。和这样一位幽灵
打交道并非我的本意。从我手中接过竹竿时，
李梨掌心满是兴奋的汗。

来到树下，我们放出目光在枝上逡巡，
从声源的方向校正着观看的角度，
如同收音机天线在不断移动、调频。正午的阳光
被叶片层层筛选，从榆树歪脖子上的
蓬乱头发间漏下时，使空气再次升温。
“找到了！”我指着第二粗的那根树枝说。
顺着我的手指方向，黑蝉像个守财奴
趴卧在一片晃动如帘的榆钱间。
似乎感觉到危险，它中断了鸣叫，暂时
将运行了半天的马达熄火。我们逼近的影子
经叶片的映照，被它头部的复眼和单眼感知，
变成一些不安的讯息被接收和分解。一旁，
李梨不停朝我使眼色，示意我别出声。

他手中的竹竿已经竖起，悄悄贴近黑蝉所在的
那根粗大如臂的树枝。而它居然又开始鸣叫，
像被卡住的发条突然又重新运转，几乎把我

吓了一跳。阳光中微微抖动的翅翼
正折射着最后的虹彩。而他的手稳定、果敢，
树枝在黑蝉被套住时没有一丝晃颤。
当它终于落入半透明的陷阱，我可以看到
模糊的黑影在白塑料袋中扑腾、挣扎，
如同李梨多年后在河水的白色漩涡中挣扎。
那一刻他的眼睛与黑蝉一样明亮，却不比此时
我的近视更能看清将要到来的命运。

我不记得这只蝉是如何被他弄死的。事实上，
我现在甚至无法肯定那棵树究竟是不是榆树。
我也没有见到他最后从河里被捞起的身体。
此刻，蝉在我楼前的树上鸣叫，我努力地
回想他的脸孔和身形，眼前却只有一个模糊的黑影，
似乎隔着一层半透明的薄膜。我已无法
从记忆之树上再将他捉住，或许他已经
在根部风化成一具脆薄的蝉蜕。死亡
收回了当年的捕蝉者，如同黄雀收回了螳螂。
这些年，我常在大街上感到他在某处
注视着我：那双眼睛，依然带着黑火药气息，
如此清晰、透澈，仿佛一直在地底
与未羽化的蝉一起吸收着黑暗。

美　洲

1

从太平洋彼岸打来的越洋电话
把我与另一个大洲连在一起。
电话那头是芝加哥的冬天，和我姐
不断呵气的声音。她的汉语里
开始混入美国英语圆润的元音，
纠正了多年来的京片子舌头。
“我昨晚梦到一只鹰
从窗口飞过，我觉得是你来看我了。”
挂掉电话，音乐在房间里响起。
我寻思着姐姐的话：
为什么是鹰，又为什么是我？
——对梦的解释或许与我的名字有关，
而鹰的出现则有另外的深意：
从昆明到芝加哥的距离
多么浩瀚，只有鹰才能跨越。

2

从未去过的美国在眼前浮现。
是我把自己想象成一只鹰，抑或
想象本身就是一只鹰？
无论如何，它正从高处
俯视这“美丽而坚硬的帝国”。
我可以听见拍卖锤在纽约交易所
重重落下，像铁匠
在锻打人们因紧张而疯狂的心。
电视上，总统候选人辩论全球事务，好像在谈论
自己的家事，好像整个世界都是美国领土。
美国梦诱惑着我们，如同夏娃递过来
或被乔布斯咬过一口的苹果。
——这是现实，但并非全部的真实。
还有另外的美国：比如缩小成一个湖泊的
梭罗的美国。永远在阁楼上踱步的
狄金森的美国。
又或者是海边吹来的一阵风，
在一条隐约可见的溪谷旁
奏响了惠特曼的草叶。

3

如果想象是一只鹰，印象就是鹰起飞时的

那块岩石。比如此刻，我脑海中的墨西哥。
“在中部，玛雅古城废弃于森林深处。”
这是印象，也是岩石般的事实：玛雅人
在自己预言的末日到来前
先迎来了自己的末日。
他们之后到来的人类也正走向末日。
鹰在空中盘旋，它所看到的
是贫民窟如同霉菌的孢子
在国家的腐败肌体上繁殖、生长。
沙漠里已没有绿洲，只有树木干如枯骨，
只有仙人掌伸出的向苍天求救的手。
只有狼群，长着毒枭或独裁者的眼睛，
像黑曜石和玛瑙
在黑夜里闪闪发光。

4

我们的想象并非自由，它的画面
总已受到图像或视频的规训，如同鹰
飞翔的习性受猎人手势的调教——
当我把视线切换到北方，就只能看到
“在格陵兰岛，雪下得深密”。
因纽特人驾着驯鹿雪橇，穿梭于
北极辽阔的冰原和白茫茫的死亡之上，
一万年来从未改变。

甚至解说词也经过电视配音的校正：
“有时，会从远方传来两座冰山相撞时
雷鸣般低沉的轰响。”
同步放映的画面是：躲开鲨鱼的利齿，
在一阵急速泅泳后，海豹探出水面，
被五彩斑斓、不明来历的极光所迷惑。

5

鹰继续盘旋。
它掠过加勒比海域时，我能听到
座头鲸用歌声抚摸海岸线的轮廓。
在这里，一些更年幼的鲸鱼
仍在练习他们新近学会的流行歌曲。
它们将大海当成录音棚，而洋流
是滚动的磁带，在大西洋和太平洋中
循环播放。人类听不懂鲸的语言，
只能不断攫取鲸的肉体，将麦尔维尔笔下的精魂
榨成香料、油脂和利润。
北美和南美，是一条鲸劈开的两截
被树液般的海水凝成琥珀。

6

想象的终结
是肉体从一只鹰退出。

当它落地时，发出一支曲子
最后几个音符的声响。屋里安静下来。
此刻，我在昆明，空想着美洲，仿佛那里
才是此时此地。“美洲是明天的国度”，
而明天已成为今天。在时间的辽阔天空下，
人类从非洲启程，经过欧亚大陆
往太平洋深处的岛屿和美洲进发。
有一瞬间我好像回到了
一万五千年前，随第一批人类
越过白令陆桥，在冰冷无尽的原野
缓缓行进，忘掉了自己是谁，从何处来，往何处去。

对一条河的研究

1

据说，它不再有彼岸。
船已消失，就像句子中
一个关键的词已被拿去。
剩下的是幽灵，是那些
曾在岸边浣纱的女子：
河水在流，
她们乌黑的长发仍未腐烂。

2

事实上，它更像一条
黑色的蛀虫，爬行在
烂苹果一样剖开的城市。
巨大的云朵，如同它分泌的
黏液，仿佛随时会化作浓酸落下。
它就这样败坏生活的甜蜜，
并因此增加着一座城的虚空。

3

或许，它的源头是清澈的，
从阳光凿开的坚冰中流出。
它经过的地方有小鹿饮水，
花朵也在水声中开放，
空气中飘满荃蕙的芳香……
但现在，只有狗尾巴草的风声，
丑闻般吹拂着河边的土地。

4

一对情侣走在岸边的小路上，
轻声哼唱着一首把爱情
比作河流的歌谣，仿佛暂时
忘掉了风中的腥臭。这是否意味着，
在积满残渣的生活中
依然存在着美好，如同
那在污水中隐约映现的波光？

5

两岸的灯火已经亮起，一条河
悬浮在幽暗里，与夜的幽暗一起
混合、摇荡。而在深处，
在看不见的翻腾中，夜吸收着

淤泥的养分而生长、壮大。
因此，这条河的幽暗也是身体的幽暗，
是黑夜的器官，是一段肠道。

6

“一江春水向东流”，多好的句子，
它曾使一首诗变得碧绿、透明。
但我的河只拥有黑暗的语法，
它要固执地污染你纯洁的目光，
仿佛只是墨汁在其中流淌——
一条被笔冲开的河道，
静静地，在纸中深陷。

反声音（从波齐亚而来）

1. 从玫瑰花瓣的露珠里，生长出另一朵玫瑰。

2. 万物成群结队地涌入我的孤独，并加深着这一孤独。

3. 通过原谅自己的善念，恶人才得以问心无愧地作恶。

4. 对永恒的追求绝不可能永恒。永恒需要的是对每一瞬间的追求。

5. 事物静止时的轮廓，不过是混沌在振动。

6. 长久以来我们都被生活所审讯，一旦我们想要摆脱它，我们就会遭到它的追捕。

7. 我们试图用可以填充的虚无来填充不可填充的虚无。

8. 不规则的美为规则的美确立规则。

9. 人总是在寻求掩盖：用寻求什么来掩盖他的不寻求。

10. 为了承受痛苦，我们必须做好枉活一生的准备，即使这生活并没有我们想的那么痛苦。

11. 在镜子面前，我总能感觉到镜中人对我的深深的恐惧。

12. 我在无法入睡时塑造着我的梦，当我醒来时，就能看到我的梦如何在我睡着时塑造着我。

13. 深邃之物不再是一种事物，而是包裹着事物的一层又一层的虚无。

14. 一切创造都始于创伤。创世意味着把自己彻底撕裂，为了在自身中容纳万物。

15. 我们置身于一条悲伤之河中，看不见自己的眼泪流向了哪里。

16. 我们真正的孤独在于，我们无法理解他人的孤独。

17. 我们的灵魂并非由痛苦构成，而是由痛苦的阴影构成。使痛苦产生阴影的并不是爱而是嫉妒的火焰。

18. 当你让我成为我自己时，你就变成了另一个人。

19. 我被禁锢于我的眼睛，为了偿还大地给我的自由。

20. 不凭借说服而能使我产生信念，这其中有一种神圣的暴力。

21. 痛苦和喜悦都包裹着爱：前者使爱成为珍珠，后者使爱成为被大气层环绕的星球。

22. 我被一切事物所改变，却没有任何事物因我而改变。

23. 在准备中死去，是为死亡做准备的最好方式。

24. 远处的喜剧如果可以移到近处，它将变成关于远处的悲剧。

25. 虚无仅仅只是虚无，不要因为你被它所困就将它形容为牢狱。

26. 我将我没有说出的词作为武器，射向尚未到来的自己。

27. 我看到我的日子从黎明到来，穿过黄昏离去，但我从未看清它是怎样变成黑夜的。

28. 一个词的声音是它落入沉默之海时溅出的声音。

29. 每个人先是活在对回忆的渴望中，继而开始回忆自己的渴望。

30. 临终的时刻，我最后的一瞬将重新展开为我的整个一生——生命因此便是永恒的循环。

31. 我们关上所有的灯，是为了可以不去看，而不是为了无法看见。

32. 在仅有我一人的房间中我并不感到孤独，因为我感到我正在融解为空无一人的虚无。

33. 仅仅发现真理不可能被说出，这还不是完整的真理；事实上，只有当你发现虚假也不可能被说出时，真理才得以完全。

34. 我从不嫉妒那些从不嫉妒的人，也从不想成为不想成为他人的人。

35. 在游移不定中做出跳跃的决断——时间的进展有赖于秒针的勇气。

36. 洗手带来一阵熄灭的颤栗。

37. 用阴影感受光之中的绝对黑暗。用燃烧的词，去感受灰烬中的绝对火焰！

38. 人寻找原因时并非在推理出一个原因，而是在寻找一种在原因之中的推理。

39. 从不跌倒的人是始终在地上爬行的人。

40. 我是自己的神，也是自己的奴隶。当我是奴隶时我是神圣的，而当我是神时我是卑贱的。

41. 在我的沉默中我是不必要的，但声音却极为必要。

42. 我可以揭开一切，如果你允许我将它们再次遮掩的话。

43. 主动相信一个信念，意味着被你身上所有被动具有的信念所接纳。

44. 一个从不写作的人开始写作，类似于一个从未经历地狱的人下地狱时的狂喜。

45. 你如果不离开我，你就不会发现你和我之间的距离；你只有走得很远以至于更远，才能消除这一距离。

46. 真理在心中一如花在枝头，绽开只是它的一部分，凋落也是。

47. 我倾空自己，为了使万物在其满盈中成为自身。

48. 童年之永恒，正因其与短暂性一起玩耍。

49. 一个人的贫困在他变得富有时才得以最终完成：从一种无名的贫困变成了他自己的贫困。

50. 人在历史中只学会了一种接受赐予的方式：从赐予者那里抢夺将要赐予给他的东西。

51. 如果将倾斜的角度反转，万物在流逝时就会回到它们的起源。

52. 貌似浮浅的表面可能是深不可测的深渊，也可能是深渊的岩壁。

53. 如果我思考何谓生活，我相信生活是一种必然。如果我思考何为必然，我将信任死的可能性。

54. 在有线/限者的掌中，一个木偶醒觉的标志是它渴望无线/限。

55. 只有当你意识到对花而言并不存在所谓最美的时刻，你才懂得了花的美丽。

56. 爱植根于我们的有限性，并在一朵花中变成与你相遇的如果。

57. 最寒冷的时刻，我们不再渴望火焰，而只是渴望能够死去。

58. 我之所以要不断消解自我，是因为从前的我正被此刻的我所重建。

59. 如果我早已死去或从未出生，那么此刻我的思考仍将存在，尽管它是作为句子而存在。

60. 深入地思考一个观念，意味着思考这一观念可能逃脱任何一种思考，然后你才能正确地捕捉它。

61. 恐吓不是在恐惧中，而是在无惧中获得自身的位置。

62. 通过拒绝加入他们，你试图掩饰你和他们并没有什么不同。

63. 那些有太多知识的人，他们被人类获得这些知识曾经付出的痛苦所反噬。博学乃是痛苦的集中营。

64. 最远的距离是一步之遥，而你却无法迈出那一步。

65. 死既不跟在我们后面，也不迎面到来——死就是我们的背面。

66. 没有人会忘记你从他们那里拿走的任何一点小东西。但如果你拿得足够多，他们会以为他们欠你的。

67. 我与世界的分离源于我，而我与世界的合一则源于我们。

68. 一切真正的肯定都是对否定之物的肯定。因此真正的肯定绝不能肯定自身。

69. 没有比热爱奇迹更平凡的了。热爱平凡却是最大的奇迹。

70. 更长的童年，是我们能够给儿童的最好礼物。

71. 我打开一扇关闭的门，并以此抵御其他关闭的门对我的诱惑。

72. 真正的精确意味着：寻找出一种方式，测量自己尺子的刻度是否精确。

73. 我在我流出的血中，看到了自己是如何缓慢地抵达远方。

74. 另一时刻我所听到并为之呼喊的词，如今只能让我沉默。

75. 你已经到了。于是我终于可以永远等你。

76. 孩子在隐藏中大喊："我在这里!"而成人就在这里，却隐藏于自己的沉默。

77. 我与我自己越来越接近。此刻，它是离我最近的你。

78. 当一群飞虫飞进雾气中，它们就变成了雾气的一部分。这是飞虫向雾气的生成还是雾气向飞虫的生成?

79. 人类，当活不下去的时候，就开始以悲伤为食。

80. 只有少数人停在虚无的途中，绝大多数都迅速走到了虚无的尽头，因为路途过于短促。

81. 不是走路者，而是让路者。事物由这一“让”而来到我身前，并从我身旁掠过。

82. 夜是一个不断滴落星光的漏斗。

83. 如果我的赠予使你变得更加贫困，那么我只能与你一起经受贫困，直到彼此一无所有。

84. 我活着，就是去理解我不曾经历的生活。

85. 如你所愿，我的愿望是将你不愿做的事情变成你之所愿。

86. 那些在光明中寻找黑暗的人，必定会被黑暗之光吞噬。

87. 昨天已经到来，今天也已经到来，而永不到来的是明天。

88. 我愿落在时代后面，不是为了停留于往昔，而是为了在时代停滞不前的时候推它一把。

89. 一根火柴，又一根火柴，却无法点燃满天的星星！

90. 我已饮下整个大海，但我还需要一滴水来形成我的干渴。

91. 占据了过去的事物，在占据现在的事物那里遇到了它的未来。

92. 甚至最小的生物也能在眼睛里容纳整个世界。噢，盲目者容纳了比世界更大的黑暗！

93. 专注的时刻，你看见自己仿佛从蝉蜕中脱壳而出，开始绕着事物飞翔。

94. 有些遗忘在别人的记忆中造成了别人的遗忘。

95. 我们不向往某些生活，是我们还活着的证明。

96. 我身上最明亮的部分，在我变得黑暗时成为了最黑暗的部分。

97. 如果人类可以飞行，他们最终会用翅膀行走。

98. 疯狂地去爱，意味着去爱那些我们一点也不爱的东西。

99. 一个儿童，认真观察着成年人的懒散，并将后者归因于他在旁边观察。

100. 那些需要闭上眼才能看到的东西，在我们睁开眼的瞬间形成了我们的视力。

101. 当人开始认识自身时，他不再只是自身——这就是人无法完全认识自身的原因。

102. 如果你在自身中具有火种，那么最黑暗的风也能将你吹亮。

103. 某些词在句子中如同一些窗户，一些久远时代的眼睛正从那里向我凝望。

104. 一盏未被点亮的灯以为自己是黑暗的一部分，但黑暗却不这样认为。

105. 闪电使树枝变纤细。

106. 共同生活的奥秘，并不在于它能将“我”变成“我们”，而在于它能从“我们”中产生出一个真实的“我”。

107. 钓起一条小河并将它放生大海。

108. 想象一种私人语言，如同用黑笔在黑纸上写字。

109. 我之中的另一个我如同我的倒影：那里的天空就是对我而言的深渊。

110. 一位思想者确实需要像蚕吃桑叶那样勤奋地阅读，但他也需要经常停下来，将已吸收的东西转换为蜕变的力量。

111. 叶的生长如同金属的延展：宁静是一种锻造。

112. 破碎，继续破碎，直到不再有任何尖锐。

113. 我们顺从神的旨意生活，如同蚂蚁沿着我们写下的字的轨迹爬行。

114. 一些不被提及的名字卡在交谈中，永不融化。

115. 在艺术中，诉诸感动乃是懒惰和粗俗的标志。

116. 真正的诗人乃是词语的政治家，他的核心素质是对于生命、语言和世界的“热情、责任感和判断力”（马克斯·韦伯）。然而不幸的是，大多数所谓的“诗人”只是词语的政客。

117. 树木傲慢地叉开腿。它忘了它只有一条腿。

118. 虚无主义是对神的信仰的最后形式，它以无限渎神的方式来爱神。虚无主义者以对深渊的信仰来取代对天空的信仰，其实这二者是一回事。

119. 噢，那个神圣的作者，他死后的身体发出了书才有的清香！

120. 他停下来，以为世界会向他聚拢。而世界加速着崩散：众多的人都像他一样停下，想成为世界的中心。

121. 穷人的词，在面包屑中发出木头被锯的尖叫。

122. 来自深渊的诱惑是最大的诱惑。一旦你接受了这一诱惑，世间其他的诱惑对你来说就都变得可以轻易抵御了。

123. 深渊包裹着所有的星球，让它们在坠落时不至于立即粉碎。

124. 沉默像一阵风鼓起语言的帆。

125. 为何，有着粗重鼻息的乌云，能诞生溪流般清澈的闪电？

126. 假装轻浮也是一种轻浮。

127. 持续的干旱，有人用指甲掐断了水源。

128. “痊愈”与“犬儒”之间，有一种谐音回荡在医学与政治的类比中。

129. 那些被声音剥夺的，在被剥夺的声音中听到了剥夺本身的声音。

130. 对他而言，某些词语就像钟表的刻度：他的思想只在它们围成的圈子里运转，并在一些固定的时刻将它们敲响。

131. 天赋推动着我们到达某一地点，从这一点开始，它就变成了我们必须克服的障碍。

132. 他已走遍世界，但他的鞋子里依然留有未知的黑暗。

133. 某些时刻，我们能感到自我与对象犹如两片蚌壳神秘地合拢，从中我们听到了某种更为古老的、大海深处的声音。

134. 最美妙的言辞之翼，总是栖息在真理的枝上。

135. ……像纤细的钨丝，在炽热中思索着黑夜。

136. 人之所以寻求幸福并不是因为缺少幸福。人缺少的只是寻求。

137. 你的问题在于，对你来说一切问题都只是你的问题，而不是所有人的。

138. 穿透一切的理智，对它自己来说是唯一不可穿透的谜。

139. 我们贴紧死亡活着，就像薄冰下的溪流。

140. 只在堕落中我才感受到天空对我的吸引。噢，并非大地的重力，而是天空的重力让我粉碎！

141. 在瞳孔与锁孔之间，一道光，像钥匙一样闪过。

142. 夜晚来临时，白昼并未消失；事实上，白昼仅仅在夜晚不再降临的时候才消失在它自己的黑暗中。

143. 落下的雪花并不让我们感到寒冷。让我们感到寒冷的是我们自己的落下。

144. 我们的身体中有一些不属于我们的事物，在身体死去时，才真正成为我们自己的。

145. 理解一盏灯的最好方式，是在光亮中打开它并在黑暗中关掉它。

146. 众多的词堵在你嘴里，你不知道该把它们说出还是咽下。

147. 我有信心克服我的盲目。这信心正是我的盲目所在。

148. 舌头是一张脸。而眼睛是一个世界。

149. 花朵开放时并不为果实而准备。花朵只为开放而准备。

150. 色彩的美，出现在黑暗从事物中溢出的瞬间。

151. 裸体并非尚未穿衣的身体，而是已经脱掉衣服的身体。对于眼睛来说，脱掉的衣服是裸体之上笼罩的一层氤氲。

152. 停留在事物表面的光使事物闪耀，而进入事物内部的光则使事物燃烧起来，继而坍塌。

153. 风声说着自己的言语，而我相信它像我自己一样古老。

154. 在虚无中事物看起来就像是在自己的巢穴中。虚无使它们丧失了应有的警觉。

155. 一棵枯树在它自己的炭中，以火焰的形式继续向上生长。

156. 离开那些你仅仅只是想要触及的事物。当你重新回来时，事物才真正被你触及。

157. 歌声是一些被细线穿起来的音符，而这细线是从我们自身被缝合的伤口中拆下的。

158. 死亡像蝴蝶一样停在生命这座教堂的尖顶，并赋予这尖顶以神性。

159. 记忆如同森林中的溪水，只能部分地倒映着两岸和天空，并被一股来自遗忘的寒气所包裹。

160. 有两种黑暗：一种在我们外部，另一种却并不在我们内部，而只是形成我们的内部。

161. 如果你认为自己拥有的已如此之少，那么你还需要再少一些才能抵达贫困。

162. 时代是从天才身上蜕掉的所有皮肤的总和。而人们却认为是天才的身体构成了时代。

163. “你是谁”这一问题如同一块浮木般漂来。你靠抓住这块浮木才得以自救。

164. 通过疾病我们认识我们的身体，通过恶，我们认识我们的灵魂。

165. 谎言将自己的伪装脱下，以便使自己成为一个赤裸裸的谎言。

166. 神在一根针尖上放置了三个天使：一个负责站立，一个负责反对站立，还有一个负责吸引哲学家们的论辩热情。

167. 再无辜的受害者的灵魂中也生长着毒刺，一部分扎向自己，一部分扎向上帝。

168. 是的，生而为人是一种考验，但生而为动物则是更大的考验。

169. 噢，我们的眼睛能够看到这个世界，这对我们来说是多么大的惩罚！

170. 我们离开土地后，植物就变成了我们的土地，而我们则变成了植物们的天空。

171. 在最炽热的爱中也仍然有一些寒冷的部分，仿佛火焰中始终不化的灰烬。

172. 我理解的你是你身上那个尚未成形的你。而你已成形的部分我永不可能理解。

173. 在神的眼中我是一根恶棍，可以用来击碎这更加邪恶的世界。

174. 当你不再相信自己是幸福的时候，你的不幸才刚刚开始。而当你终于相信自己的不幸的时候，你的幸福才真正终结。

175. 儿童的幼稚是儿童的幸运。而成人无论幼稚还是成熟，都是成人的不幸。

176. 我将永不哭泣，除非我感到那眼泪是从神的眼中流出的。

177. 对我们来说，自然是人身上的善，而历史则是人身上的恶。对神来说，情形或许刚好相反。

178. 世界：神的玩具。而人则是世界这一玩具的可玩性。

179. 在不被允许的行为中，有一种已被允许的悔恨存在于尚未被允许的快感中。

180. 当你走上一条可以返回的道路时，你最好选择永不回头。

181. 我受到的伤害使我成为我。但我只有在是我时才会受到伤害。

182. 莫名的忧伤就像腹胀，需要一次排泄来减轻其压力。

183. 神不会永远自居为神。永远自居为神的只会是魔鬼。

184. “神在世界之外，”他说，“因此我只有通过毁灭世界才能与神相遇。”

185. 拖延如同持续不断的雪崩，发生在我内部，埋葬着那些正向上攀登的努力。

186. 每一滴泪中都有一只尚未孵化的雏鸟，从眼睛这深邃的巢中跌出。

187. 被扑灭的火是世界上最黑暗的角落。而我们必须藏身于这个角落。